参与的课题项目：1.河北省唐山市教学科学规划课题"会计专业'STATZ'中高职衔接模式研究"（项目编号：13519LX53）；课题类别：基础理论研究。2.河北省高等教育学会"十二五"规划课题"河北省会计专业中高职一体化建设模式研究"（项目编号：GJXH2015-226）；课题类别：一般课题。

现代高校财务管理的实施与创新

王艳荣◎著

吉林大学出版社

·长春·

图书在版编目（CIP）数据

现代高校财务管理的实施与创新 / 王艳荣著 . -- 长春 : 吉林大学出版社 , 2023.6
ISBN 978-7-5768-2035-5

Ⅰ.①现… Ⅱ.①王… Ⅲ.①高等学校 – 财务管理 – 研究 – 中国 Ⅳ.① G647.5

中国国家版本馆 CIP 数据核字 (2023) 第 168128 号

书　　名	现代高校财务管理的实施与创新
	XIANDAI GAOXIAO CAIWU GUANLI DE SHISHI YU CHUANGXIN
作　　者	王艳荣　著
策划编辑	殷丽爽
责任编辑	殷丽爽
责任校对	李适存
装帧设计	守正文化
出版发行	吉林大学出版社
社　　址	长春市人民大街 4059 号
邮政编码	130021
发行电话	0431-89580036/58
网　　址	http : // www . jlup . com . cn
电子邮箱	jldxcbs@ sina . com
印　　刷	天津和萱印刷有限公司
开　　本	787mm×1092mm　1/16
印　　张	12.25
字　　数	200 千字
版　　次	2024 年 3 月　第 1 版
印　　次	2024 年 3 月　第 1 次
书　　号	ISBN 978-7-5768-2035-5
定　　价	72.00 元

版权所有　　翻印必究

前 言

高校财务管理是高校依据国家、地方法规制度和办学方针，以实现学校办学目标为中心，组织各项财经活动，处理各种财务关系的一种管理活动。随着我国改革的不断深入，高等学校也经历了很大变化，这些变化都需要高校进行适应并探索新的发展空间。高校财务管理是否规范，将影响高校教育能否持续发展。

当前，我国高校呈现出办学自主化、经济利益多元化、经济关系复杂化、财务管理精细化的特点。为进一步完善现代高校治理的需要，高校财务工作必须紧紧围绕财务管理改革与发展这一核心，创新体制，搞活机制，加强监督，提高效益。

财务管理是高校管理工作中的核心部分之一，不仅承担着为高校筹集、分配资金的重要任务，同时还承担着对高校资金进行核算、监督、考核等管理工作，其对教学科研内涵及外延建设和发展有着直接的影响。在20世纪末经历了规模较大的扩招后，我国高等教育已逐步实现了大众化。随着高校办学规模的不断扩大，经济活动日益复杂，经费供求矛盾更加突出，资金来源与运用呈现多元化，因此高校财务面临着更加复杂的局面。研究我国高校财务管理问题，对高校稳定发展、对我国教育事业建设和社会人才培养都具有重要的意义。

本书主要介绍了现代高校财务管理的实施与创新，共分为五章内容。其中第一章的主要内容为高校财务管理概述，分别介绍了高校财务管理的管理内容、高校财务管理的目标和环境以及当前我国高校财务管理的现状；第二章主要介绍了高校财务管理风险及预警系统，其中首先介绍了高校财务管理风险，并在之后介绍了高校财务管理风险预警体系的构建；第三章的主要内容为高校财务管理创新的理论探究，共包含两节内容，其中第一节介绍了高校财务管理创新的背景，第二节阐述了高校财务管理模式的创新；第四章从四个方面介绍了高校各项财务管理创新实践，分别是高校成本管理的创新实践、高校资产管理的创新实践、高校会计人才管理的创新实践、高校预算管理的创新实践；在第五章主要基于三个方向对高校财务管理创新与现代技术的结合进行了介绍，分别是大数据与高校财务管理创新的结合、云计算与高校财务管理创新的结合、区块链与高校财务管理创新的结合。

  在撰写本书的过程中，笔者得到了许多专家学者的帮助和指导，参考了大量的学术文献，在此表示真诚的感谢。由于笔者水平有限，书中难免会有疏漏之处，希望广大同仁及时指正。

作者

2023 年 1 月

目 录

第一章 高校财务管理概述 ... 1
第一节 高校财务管理的管理内容 ... 1
第二节 高校财务管理的目标和环境 ... 22
第三节 当前我国高校财务管理的现状 ... 24

第二章 高校财务管理风险及预警系统 ... 26
第一节 高校财务管理风险 ... 26
第二节 高校财务管理风险预警体系的构建 ... 28

第三章 高校财务管理创新的理论探究 ... 32
第一节 高校财务管理创新的背景 ... 32
第二节 高校财务管理模式的创新 ... 41

第四章 高校各项财务管理创新实践 ... 45
第一节 高校成本管理的创新实践 ... 45
第二节 高校资产管理的创新实践 ... 51
第三节 高校会计人才管理的创新实践 ... 69
第四节 高校预算管理的创新实践 ... 94

第五章　高校财务管理创新与现代技术的结合 ································ 111
　　第一节　大数据与高校财务管理创新的结合 ································ 111
　　第二节　云计算与高校财务管理创新的结合 ································ 143
　　第三节　区块链与高校财务管理创新的结合 ································ 167

参考文献 ·· 188

第一章 高校财务管理概述

本章的主要内容为高校财务管理概述，在第一节主要介绍了高校财务管理的管理内容；在第二节介绍了高校财务管理的目标和环境；在第三节简要概括了当前我国高校财务管理的现状。

第一节 高校财务管理的管理内容

高校财务管理的基本内涵是财务管理人员依靠科学的专业化手段来计算高校成本支出总额，拟定高校预算的完整实施规划，并且着眼于高校固定资产的安全保障维护工作。高校财务管理涵盖多个层面，财务管理的工作手段应当能够被完整融入高校日常管理体系中，有力支撑与促进高校各个领域的业务的顺利开展。由此可见，财务管理工作在保障高校教学顺利运行以及节约高校资源成本的实践中占有重要地位。

目前，很多高校系统中的会计财务人员、高校管理人员以及高校教师都已深刻认识到财务管理的价值与作用，并且正在逐步推进与落实高校财务管理的日常工作。财务管理工作本身带有明显的财务监督特征与属性，财会人员在全面核对高校财会账目的基础上，应当做到准确了解和把握高校资金资产的流向动态，增强高校管理者对财务管理实践工作的重视程度。

一、筹资管理

（一）高校筹资管理概述

高校管理者主要负责多渠道筹措资金且科学合理地进行使用。由于有限的国家财政支出，高校必须多种渠道筹措资金，用以保证高校的基础建设和教育支出，有效合理地配置教学资源、改进资金的使用，发挥资金使用的效益最大化。当前，我国许多高校都出现支大于收、资金短缺的现象。因此，高校必须强化财务管理控制，不断改进资源配置，努力节约资源，进一步提高教学水平，改善教学质量。

（二）高校筹资存在的问题

1. 人员、经费短缺

高等教育进入内涵式发展阶段，师资力量成为决定高校竞争力的根本因素。很多高校不惜重金引进人才，大幅提高教师待遇，这样的人才强校政策导致人力资源成本快速增长，而用于人员支出的资金绝大部分源于财政拨款中的生均拨款。

财政拨款分为生均拨款和专项资金拨款，而专项资金必须专款专用，不能用于发放人员工资。这就造成了高校的专项资金充足，使用进度缓慢，而人员经费却不够的局面。

2. 未进行教育成本核算，拨款及学费标准缺乏依据

教育成本是高校管理者、政府部门、学生家庭以及社会普遍关注的重要信息。从世界范围看，高等教育成本核算尚处于研究阶段，还没有形成完善的核算体系。已有的大多数研究成果都是粗略统计或估算，方法不够科学，缺乏准确性和可操作性。我国长期以来采取"基数＋发展"的教育经费拨款方式，拨款标准也不是以教育成本为主要依据，因此不够科学、准确。至于学生承担多少学费合理，由于高校未进行教育成本核算，故难以确定。

3. 贷款缺乏论证，风险、还贷意识不强

改革开放以来，我国教育事业取得了举世瞩目的重大成就，高等教育快速发展，现已步入了大众化阶段。高校的招生规模快速增长，资产规模不断扩大，校园建设和各项教研活动的开展对资金的需求也在逐年增长。由于财政拨款无法满足高校庞大的资金需求，银行贷款成为高校重要的资金来源。高校的教学质量在稳步提升，加上生源稳定、财政拨款逐年增加，银行在贷款业务上更倾向于高校。高校从银行贷款变得相对容易，贷款规模不断扩大，动辄上千万，这无疑增加了高校的财务风险。因为小额贷款无法满足高校业务发展的需要，一些高校经常"拆东墙补西墙"，以贷还贷。在经费紧缺的情况下，高校必须合理利用银行贷款。然而，有的高校没有根据自己的总体发展规划及收支水平来确定贷款的规模、期限及还款方式，对贷款项目缺乏科学的评估和论证，导致对贷款的风险认识不够，还贷责任意识不强。

4. 社会捐赠比例过小

我国高校获得的社会捐赠比例过小的原因是多方面的，具体包括历史因素、文化差异以及不同的管理制度等。欧美国家的高校是在宗教场所的基础上发展起来的，慈善捐赠是学校发展的主要资金来源，捐赠历史悠久。在管理方面，欧美高校成立了专门的基金会，对捐赠资金进行增值管理和透明化管理。我国的社会捐赠起步较晚，人们的"家文化""中庸之道"等思想根深蒂固，捐赠理念保守、意愿不强，再加上现阶段的捐赠资金使用情况不够透明、信息公开机制不健全，难以取得人们的信任。

5. 校办产业效益低下，难堪筹资重任

校办企业经过多年的发展，在科技成果转化、资产增值保值、弥补教育经费不足等方面发挥过积极的作用。在新形势下，面对严峻的市场竞争环境，校办企业经过一段时间的红火后日渐衰落。部分企业运行状况不理想、效益低下，甚至亏损，在经济上不仅没有给学校带来贡献，反而拖了学校的后腿，甚至还出现违法违规的问题，严重影响了学校的声誉。

（三）高校筹资管理的优化策略

1. 建立规范化、制度化的募款机制

我国高校目前收到的募捐相对较少，高校募捐还处于摸索发展时期。

（1）加大政府的制度支持

为了能够鼓励企业和个人等将自己的资产投入教育事业中，美国政府提出了很多的优惠政策，例如，对于一些为学校进行捐助的企业和个人采取免税政策，其中就包括企业税、个人所得税、遗产税等。我国社会各界的有识之士、企业、社会性组织应该认识到高校募捐的重要性，为教育事业添砖加瓦，为我国高校募捐正规化、制度化提供帮助。对此，我国政府可以借鉴美国的一些经验，虽然目前我国的税收制度与国外有一定的差异性，但是可以以此作为参考，对于一些向各个高校投入较大募捐资金的企业减免税收，或者在企业创新方面提供一些优惠政策。但是，由于目前这些政策还不够完善，因而在一定程度上限制了捐赠资源的拓展。对于一些向高校捐助的企事业单位及个人可以给予一定的精神性奖励或者名誉性奖励，以此鼓励更多的企业及个人加强对教育事业的输出。

（2）发挥高校专业吸引力

美国各界在向学校进行捐赠时，将捐赠的目标更多地放在了一些具有较强的创造力、学术能力相对较强的高校，希望这些高校能够为社会输出更多的杰出人才，使捐赠更具贡献性。很多企业及个人对高校捐款并不是因为这些学校处于资金缺乏的阶段，他们将捐赠的目标集中于实力雄厚、发展前景较好的高校，希望通过各个高校来增加企业及个人的社会地位及声誉。

对我国的一些高校来说，他们需要展示出自己高校的特色及亮点，吸引更多的企业及个人捐款，并且努力提高教育质量，提高学术创新能力，以此来回馈社会；同时增加高校的亮点，形成良性循环。因此，各个高校可以通过竞争的方式，提升各自的办学特色，通过"品牌"意识来提高学校的社会影响力和社会地位。

（3）建立专门的募捐筹资机构及专业化的募捐工作队伍

美国高校已经设置了较为完善的募捐管理机制，有专门的募捐机构对捐款进行监管，有专业性较高的人员对其进行管理、运作。有些高校甚至设置了专门的"院校发展部"，与各捐赠机构进行对接。筹资办学已经成为国外各高校教学资金的重要来源。

我国教育行业提倡"产学结合"，鼓励各个高校接受社会捐赠，以此来增加教育经费，缓解教育预算无法落实的情况。而当前社会性的募捐存在不确定性的因素，并不能够为高校带来较为稳定的教育经费。

（4）引入激励机制，扩大募捐范围

如果单纯依靠捐赠者的高尚动机，是无法使教育捐助走向制度化的。高校应将激励机制引入募捐工作中，在募捐工作中逐步转变观念，不再把社会捐赠简单地看作一种无偿的、不带任何功利的、利他的公益行为，更不能只接受捐赠而不给予回报。高校可以根据捐赠者的款项和金额给予相应的荣誉或适当的物质回报，以激励捐赠者，这是促使高校募捐工作顺利进行的有效途径。

此外，高校募捐不能只局限于国内，还应通过各种途径宣传院校，积极进行劝募活动。目前，美国等发达国家和地区具有良好的捐赠传统和较完善的捐赠机制，国内高校应积极与当地的校友、华侨、知名实业家和社会名流加强联络，拓展海外捐赠渠道，争取巨额资助。在这方面，国内一些高校已经进行了大胆尝试并取得了成功。如清华大学、北京大学在美国各自成立了北美清华教育基金会和北京大学教育基金会（美国），通过它们直接在国外募款，并且取得了很大的成效。其他各高校可借鉴清华、北大成功的海外筹资经验，扩大自身的筹资范围，比如通过建立网站，高校可以加强海内外联络、简化捐赠程序、维护可持续捐赠系统、宣传捐赠事迹等，以筹得更多的资金。

2. 加快教育成本核算，合理确定学费标准

高校必须加快建立以教育成本核算为基础的会计信息系统，准确核算教育成本，为确定财政拨款和学生缴费标准提供合理的依据。由于地区不同、层次不同、高校不同、专业不同，学生的培养成本存在较大差异，政府在调整财政拨款学费标准时还应当充分考虑学生及其家庭的经济承受能力，为确实贫困的学生提供国家助学贷款、国家奖学金，还可以采取慈善机构捐赠等方式帮其完成学业，这样既能满足学生的实际需求，又能满足高校的经费需求。高校通过成本核算可以优化资金配置，将有限的资金用到最需要的地方，使资金使用效益最大化。

3. 引入市场竞争机制，改革财政拨款制度

目前，我国高等教育正向大众化教育迈进，但高校普遍存在资金不足的情况，并且这一情况有日渐严重的趋势。这主要是由于高校对政府给予的财政补贴依赖度较高，同时高校还存在投入产出不成正比的情况，因此要解决目前高校资金短缺的问题，需要对现行的政府拨款制度进行改革。

（1）采用多参数的财政拨款模式

自20世纪80年代以来，为了提升高校办学的活力，我国采用了"综合定额+专项补助"的财政拨款方式，主要是以高校在校学生数量以及学生消费标准为依据而制定的，满足了当时高校发展的需求。如果高校想增加开支，需要申请专项补助。这种模式有利于学校有效地利用政府拨款，将拨款更多地用在提高学生教育补助方面。但是，这种情况也存在一定的弊端，就是不同高校之间、同一高校的不同专业之间，在进行拨款时存在盲目性，缺乏针对性，对于促进学生的学习效率并没有太大的激励性，容易导致教育水平的下降。

因此，高校可以引入不同的绩效指标来对教育经费进行分配，并且将常规拨款与专项拨款分开计算，将高校工作人员、教师、学生人数以及校区面积等多种因素作为参考指数。

（2）建立相应的中介评估机构及高校绩效评估机制

通过中介评估机构对各个高校进行监管，评价学校绩效、教育经费利用情况是否合理、高效，是否存在不合理使用学校经费的情况，对该学校的绩效进行总体评估，并作出报告、公示。为了降低高校教育成本，提高高校绩效激励作用，可以引入市场化机制，通过"市场"调节的方式来管理学校的拨款。政府可以通过评估报告将所需要拨付的款项设置为"绩效预算"，这种方法将学校的在校工作人员以及学校人数考虑在内，并且将学校的科研水平、师生评价、社会评价等作为参考标准，使拨款更具客观性。相对客观的评估报告可以帮助政府更加合理地对各个高校进行拨款。

（3）建立独立于政府与高校之外的社会专门拨款机构

专门拨款机构是一个独立的社会性机构，既不属于政府，也不是高校附属的机构，是接受社会监督的独立拨款机构。这一机构主要是在高校接受政府拨款之后，根据政府拨款情况以及学校资金短缺情况来给予一定的资金拨款。这一机构的拨款是需要按照既定程序进行的，拨款方式、标准以及拨款使用情况等都需要接受社会监督。需要强调的是，专门拨款机构是禁止与政府部门或者被拨款高校进行直接接触的。

综上所述，在进行财政拨款时，可以选择多参数拨款模式，并且设置专门的中介机构对高校拨款情况进行评估，引入社会性的专门拨款机构，使我国高校的拨款机制越来越完善，通过创新模式来推动教育事业的改革。

二、预算管理

（一）高校预算管理概述

1. 高校预算管理的内涵

《中华人民共和国预算法》于1994年通过，并在1995年正式实施；2014年国家对其进行了修订，并于2015年1月1日实施。此后，2018年年底进行了第二次修正。2020年10月1日新修订的《中华人民共和国预算法实施条例》开始实施，充分说明了国家对预算管理工作越来越重视，也对我国的预算管理工作提出了高标准、严要求，预算管理逐渐成为政府重点要求的工作任务。近年来，财政部门也更加关注高校的预算管理工作，因此加强高校预算管理势在必行。

高校预算是高校依据其事业发展目标和年度规划而编制的年度财务收支计划，是高校财务管理工作中一项非常重要的工作，为高校的事业发展提供坚实的资金保障。精准、高效的预算管理可以有效提高高校资金的使用效率，优化高校资源配置，使高校更加充分地利用各项资源，保障自身快速、长远的发展。同时借助对高校资金的使用效果作出的合理评价，可以及时发现预算管理过程中存在的不足，以便进一步完善高校的预算管理。高校通过预算管理可以充分掌握各部门的资金使用情况，便于对预算资金进行全方位的管理，降低高校的财务风险，提高其资金使用效率，调动教职工工作的积极性。

2. 高校预算管理的特点

随着有关预算的法律、实施条例不断更新完善，财政部门提高了对高校预算工作的重视程度，使得当前高校的预算管理呈现出全新的特点。

（1）预算资金多元化

财政拨款是高校预算收入来源的途径之一，它占据了高校资金的主要部分，是高校发展教育事业的重要保障。财政资金主要包含学校的人员经费、公用经费、运转类经费和特殊目标类的专项业务经费等。同时高校的资金来源还包括学生学费、住宿费、技术服务费、技能鉴定等行政事业性收费以及其他收入等，部分高校也存在合作办学与独立学院的收入。近年来，国家针对高校发行了专项债券，以此来补充高校的资金，满足其事业发展。多元化的资金增加了高校预算管理的难度，同时也要求高校做好预算管理，充分利用各项资金，以便资源配置达到最优。

（2）预算资金自主使用权受限

近年来，政府逐步完善了财政体系的建设，对于高校各项经费的管控也在不断地改进和加强。财政对高校所有的拨款，根据预算以项目为单位全部进入国库支付系统，生成计划指标。高校提交用款计划申请，等待财政批复后方可使用。国库支付系统上的所有资金并不像银行存款一样真实存在，其只是系统设置的虚拟用款额度，高校对这些额度只有使用权而没有所有权。当高校申请支付某笔经费时，由财政指定的代理银行进行划款结算。支付系统设置了较多的资金监控规则，资金使用如有不合理、不合规的均会被退回，很大程度上起到了监控资金使用的作用。

同时，对于学校的学费、住宿费等事业收入需要全额上缴财政专户进行管理，其额度返还根据当年学费、住宿费的预算金额返还到国库支付系统。近年来推行的预算一体化平台、中央转移支付平台、项目库平台等也都对高校的资金使用提出了更高的要求，这有效地防止了高校在资金使用过程中出现挪用、乱用的现象，但也很大程度上限制了高校对于资金的自主使用权。如果在实施过程中发现某项资金预算安排不足，也无法调用其他资金，那么很有可能导致该工作无法完成。同时，随着政府采购制度的不断改革完善，高校重大项目的招投标更加公平、公正、公开，由此强化了政府对高校资金的监督职能。所以，合理安排预算、做好预算管理对于高校的发展尤为重要。

（3）重视绩效管理

绩效管理被广泛应用于企业单位，是考核企业财务管理的一个重要手段。随着我国教育事业的发展，国家对于教育事业的投入逐年增加，教育资金的巨大投入使得高校资金难以管理，并且高校作为非营利机构，无法通过利润指标来判定其经营的好坏，所以绩效便是衡量高校发展的一个关键指标，同时也是政府部门对高校资金监管的一种方式。所以，政府部门更加重视高校预算资金的绩效管理，2015年我国首次将"绩效"一词写入了预算法，这也表明了政府部门在预算绩效管理方面的态度。财政部门试行的预算绩效管理平台也是为后续的绩效管理做好准备工作，同时，高校在申报特定目标的专项时也需要提供该项目的绩效目标表，通过一系列可量化的指标来反映项目预期带来的效益。对高校而言，其预算管理的资金量较大，要做好预算绩效管理的难度非常大。

（4）预算管理的全面性

预算管理的全面性体现在过程全面性、人员全面性以及收支全面性三个方面。过程全面性体现了预算管理是一种过程性管理，它需要建立完整的预算管理体系，从编制预算到执行控制预算，再到分析调整预算，最后考核评价预算，充分实现预算管理对高校资金的全过程管理，保障资金的使用效率，不断优化资源配置，从而发挥预算管理对高校事业发展的指导、推进作用。人员全面性指的是参与到预算管理中的人员要全面，从高校的财务部门到主管校领导，再到各个职能部门、各个院系的所有人都要参与到预算管理中来。财务部门负责组织实施预算管理工作，主管校领导负责预算的审核以及高校发展战略的规划部署，预算编制过程中的教职工信息、工资薪酬信息等需要人事部门提供，资产信息需要资产管理处提供，学生信息需要学生处提供，等等，这是一个全员参与的管理活动。同时预算在执行的过程中，也需要所有人员严格按照预算的收支安排执行，明确资金的使用范围，加快项目的推进，保障资金使用的效率，并随时跟进项目，做好绩效评价。收支全面性指的是预算管理的资金要全面，高校列入预算内的所有收入和支出都需要进行预算管理，避免出现遗漏现象。高校的预算收入涵盖了财政拨款、专户管理的教育收费、纳入预算的行政事业性收费以及其他收入等，预算支出涵盖了人员经费、公用经费、特定目标类的专项业务经费等。综上，预算管理要渗透到资金的执行、控制、调整以及评价的全过程中，使得高校资金合理分配、优化使用。

3. 高校预算管理的原则

高校实施预算管理要严格遵循政府政策的要求，坚持以下四项原则，提高预算管理的效率，为预算管理工作的全面实施奠定基础。

第一，高校要坚持"集中财力，保障重点"的原则，严格控制一般性支出，努力降低行政运行成本，统筹各项资金来源，着力优化结构，合理安排并充分利用预算资金。高校每年的财政拨款有限，学费、住宿费等事业收入也相对固定，在预算收入有限的情况发展教育事业，应该结合高校的战略发展目标来安排现有资金的分配，在保障高校稳步发展的前提下，集中财力发展重点项目，做到稳中求进、优中选优。

第二，高校要坚持"加强管理，硬化约束"的原则，在编制预算时不能凭空捏造，要严格遵守法律法规的相关要求，充分结合高校的实际发展情况，对预算的各项数据都要做到有理有据。并且在预算执行的过程中，加快推进高校预算管理制度的建设工作，凭借制度约束，规避预算在执行过程中存在的风险，提高预算的科学性、合理性和有效性。

第三，高校要坚持"强化绩效，提高效益"的原则，把绩效管理思想引入高校的预算管理工作中，构建针对预算工作的绩效管理体系。通过预算绩效管理，使预算内容更加科学精准，预算在执行时能够有效参照绩效目标提高执行效率，同时对预算进行有效地绩效评价，充分调动高校开展预算管理工作的积极性，并及时发现预算管理过程中存在的问题，不断进行优化和完善。

第四，高校要坚持"尽力而为，量力而行"的原则，合理安排预算收入和预算支出。高校在编制预算收入时要结合实际，做到不虚增、不漏项，与财政政策做好衔接工作，保障收入的可实现性；编制预算支出时坚持量入为出的原则，根据高校的实际发展需要和资金水平，科学核定支出预算，打破基数概念和预算支出固化僵化格局。

4. 高校预算管理的内容

（1）高校预算编制

高校预算的编制是高校依据每一年不同的工作计划而合理分配的，预算编制是一切预算管理的开始。预算编制工作是为了排除预算管理工作中的各种阻碍。高校必须将预算编制的工作放在重点工作之中，并且分析各类资金的诉求，尽可能合理分配。高校也需要编制政府部门预算和本校内的预算，按照相关流程，严格履行被审批下来的程序。

（2）高校预算执行调整

在预算完成编制并下达预算后，预算工作发展到执行这一环节。在预算执行过程中，每项经济业务的产生，都需经由财务人员将其录入财务系统，并呈现在最后的决算报表中。高校若想实现所定目标，则需要加大预算执行力度，因为预算执行力度才是能否完成预算目标的最重要因素。除此以外，预算在执行过程中还有可能出现意外状况，当遇到这些突发的情况时，需要调整原先的预算。

当然，高校不能任意修改自己的预算，因为预算本身的立意就是防止资金被任意调配。可是在执行过程中，如果真的超出了预算的计划，导致计划确实需要调整的时候，高校是可以按照相关规定及时对自己在一定数额内的资金进行预算调整的。而这一流程必须经过主管预算部门的审批。

（3）高校预算绩效评价

预算绩效评价本质上是事后控制的一种体现，它的立意是为了考核预算管理是否通过预算执行达成了目标。对一段时间的预算管理情况的评价目的在于不断优化管理，筛选出不足之处加以改进。所以，高校应该提升其对于绩效的重视程度，建立相关机制和考核部门，在一定周期内及时做绩效考核。

5. 高校预算管理的流程

高校预算管理共有四个流程——预算编制、预算执行、预算控制和预算评价。

预算编制是高校预算管理中的基础环节，在预算编制时，通常采用的是"二下二上"的自下而上的编制原则，即高校财务部门在本年度将预算年度的预算信息提交上级财政主管部门，财政主管部门在数据库内对比信息上报正确后，向高校下达预算控制数信息；高校根据预算控制数对预算草案进行细化调整后再次提交给上级部门；根据部门给出的预算批复制定年度校内预算。预算执行是在预算编制完成之后，高校内的各部门按照预算文件下达的预算计划对经费进行合理支配。各部门按照量入为出的原则执行，执行预算的过程不仅是检查、监督资源使用是否符合预算目标的过程，而且也是高校不断提高预算管理绩效目标的过程。高校的预算控制主要包括事前、事中、事后三种控制。事前控制是指在正式编制预算前，需要先确定预算内容、编制预算的方法、编制预算的整体流程，通过对这三项内容进行事前控制，能够对预算编制有一个大体的把握，有利于建立预算考核指标，对预算绩效评价体系的开展起到基础作用。事中控制是指在预算执行中有效地掌控预算执行的情况，通过对预算动向的控制，能够发现预算执行中已出现的问题和即将出现的问题，对之及时解决并进行反馈。事中控制通常与会计核算相结合，以保证预算绩效目标的完成，确保预算支出经费使用的合理性和有效性。预算的事后控制是指在预算执行工作完成后，对预算目标完成情况进行统计评价，对预算情况进行总结分析，以提高预算管理的效率。预算评价是预算管理中的重中之重，通过建立健全预算绩效评价体系，对预算目标的完成情况进行绩效评价，对绩效目标完成率高的部门进行奖励，对未完成绩效目标的部门进行适当惩罚，以此来优化预算管理的整个过程，使资源利用率不断提高。

6. 高校预算管理的方法

（1）增量预算法

增量预算法也被称为调整预算法，是最早的编制方法。增量预算法的意思是，按照年度成本支出加上推算在年度中可能发生的突发情况来增加或者减少既定预算的一种编制方法。增量预算法在执行层面是简单的，对编制者业务水平的要求较低，所以管理层比较容易认同。可是，在使用增量预算法时会发现，与上一个年度对比，就算不会增加大的开支，原来的开支项目也很难减少或降低，而且这个方法还容易让预算编制工作不平等，员工不再积极参与预算工作。如果在新的年度中，外部环境的改变较大，增量预算法会让整个预算编制脱轨，预算和实际情况的误差很大。

（2）滚动预算法

滚动预算的意思是在执行当下预算的每一个季度里，可以以月或者季度等为单位编制预算。在编制预算中，会计周期被分离出来，预算执行进度无限延长，并且会在一定周期里开始回滚，以从开始到回滚的周期作为一个固定的周期来编制预算，此方法叫作滚动预算法。这种编制方法的好处是，每一个层面的管理者都能够全方位考虑在一定周期里业务的开展情况，并方便统筹，能够让工作有序、合理地开展。再者，滚动预算还能够让预算保持连贯性，随时根据未来一个周期内可能发生的业务去调整下一个滚动周期内的预算，这样的预算更加贴合实际，并且可以控制成本，但是这种预算方法工作量仍然很大。

（3）零基预算法

零基预算法的计算过程是相对复杂的。零基预算法的意思是编制下一年度预算时，对于上一年的预算数据重新核实和检查。以零为基准，融合考虑学校之后的战略目标、教研目标、人员和设备增删等因素，自上而下、自下而上全方位综合评估学校下一年的预算。采用零基预算法的好处是，预算工作主要考虑未来发生的事情，而不是基于之前年度已有的收支情况。所以，对于资金的分配会更趋于合理化。但是，零基预算法也有其弊端，就是其理想化主义严重，在预算编制工作的过程中，工作人员要面对很烦琐的细节，工作量很大，对工作人员的业务水平是一种考验，也会导致编制成本偏高，还有可能造成形式主义。

（4）绩效预算法

绩效预算法是构建一套合理的评价体系，用预算绩效来量化资金的投入和使用效率，这样可以给预算执行部门相对合理的评价结果。绩效预算法的优势是，在使用的过程中，其原则是优先考虑高校的未来发展，从而进行预算编制。高校发展的实际情况都被指标化，算在绩效的一部分中，并且可以在执行周期过后及时评价绩效和推算效益，但是绩效预算法在构建这个体系时往往缺少合理的参考参数，预算绩效的几个特点就是编制预算需要成本计量、评价结果公开透明、侧重自我管理等。

作为最新的预算管理模式，绩效预算最主要关注的是如何构建一套完整的预算绩效评价体系，能够真实反馈资金的运行情况，包括活动展开的情况、教学科研的实际状况、社会效益等侧重点，并且还能够随时评估高校投产比现状，以此来优化高校资金的投入分配比例。

（二）高校预算管理相关理论

1. 委托代理理论

委托代理关系的概念即委托人和代理人根据委托事项和委托义务以及委托中产生的资金费用等签订契约，由委托人授权代理人对委托事项进行操作。委托代理理论就是委托代理关系的衍生产物。

然而，在实践过程中的委托代理关系也存在一定矛盾，即委托人和代理人之间存在的矛盾。委托人一般是企业方，追求的是利润最大化，而代理人作为受托一方，收入为契约中约定的委托资金费用，追求的是轻松的工作和更多的休闲时间。在委托过程中，代理人会接触到企业工作的核心部分，对企业有着充分的认识，而委托人对企业的信息则不够了解。在对委托代理理论进行研究的过程中发现，在委托过程中对代理人实施有效的监督激励管理措施，可降低委托人的利益损失，使委托人和代理人双方互利共赢。

委托代理理论在高校的应用主要表现在预算管理中，涉及的组织和部门分别为政府部门、高校和社会公众。这三方共包括两组委托代理关系，政府部门和高校具有双重的委托代理身份，而社会公众既是委托方，又是受益方。高校的委托代理关系包括以下四个层面：第一个层面，社会公众与政府部门，这层关系中社会公众作为委托人，委托事项为社会公众受教育的权利，政府部门作为代理人，利用政府部门所拥有的公共资源来为委托事项提供服务；第二个层面，政府部门与高校，由于政府部门作为社会公众的代理人，要向社会公众提供教育服务，在第二个层面中，政府部门通过向高校提供教育资源和资金支持，间接地完成了对社会公众的委托事项，即在政府部门和高校的委托代理关系中，政府部门是委托人，高校为代理人；第三个层面，在高校内部也存在委托代理关系，高校作为委托人，将学校内部管理的权力委托给校内教职工，即教职工作为高校的代理人，为高校代为处理学校中的各项事务；第四个层面，高校教职工和学生之间也存在委托代理关系，即学生是委托人，委托教职工提供教学服务和行政工作服务，教职工代理人。

2. 新公共管理理论

英国学者胡德于20世纪80年代提出在公共部门内引入竞争机制，通过这种机制来激励工作人员，以改善管理工作中效率低下的问题，这种机制也被称为新公共管理理论。胡德强调要注重绩效和结果，提出了要明确制定绩效目标以及衡量绩效的标准，不仅要监督激励绩效目标的完成，更要注重产出的成果，绩效和成果同等重要，二者是密不可分的。新公共管理理论在预算工作中强调应以结果为导向，确定政府部门所需的资金，并衡量支出所带来的结果，即对社会造成的经济效益和社会效益，以达到提高资源利用效率的目的。

新公共管理理论在高校预算管理工作中的应用也较为普遍。新公共管理理论中强调绩效的重要性，即高校预算管理工作中也应注重绩效部分，涉及的绩效内容需要明确的考核。在预算管理工作开展前，高校应根据实际情况制定合理范围内的预算绩效目标，并为其设立科学的绩效指标。除绩效外，新公共管理理论也强调注重结果，在高校中预算管理工作应做到资源合理利用，保证资金利用率高。

三、内部控制管理

高校应该不断完善财务管理的相关制度，强化高校经济的控制力度。首先要遵守国家相关财经法律法规，结合高校自身的实际情况和特点，制定出适合自己的经济制度和财务管理办法；其次将财务监督和民主监督有效地结合在一起，合理进行内部审计核查，保证高校各项财务工作合法、有序开展。

（一）高校内部控制管理存在的问题

1. 内部控制意识不强

内部控制执行受人为因素的影响，人员的态度和知识结构直接影响内部控制在高校推进的速度。当前，由于高校的运营资金大多依靠财政直接拨款，大部分高校从管理层到普通教职工都没有意识到内控制度对本单位发展的重要性，缺乏对内部控制的基本认识和判断。管理层没有把加强内部控制放在和提高高校办学水平同等的地位，对内控建设处于比较忽视的状态，而管理者的这种态度决定了内控制度难以发挥有效的作用。普通职工知识结构和专业素养不够，尤其是内控关键岗位管理人才匮乏，导致高校内部内控认知缺乏群众基础，拥有高度内控意识和内控知识的人员只占少数，影响了高校内控制度实施的效率和效果。

2. 内部控制制度不健全

（1）内部控制缺乏有效监督

高校内部控制能否发挥作用的关键是看内部控制的参与度以及最终由谁负责。高校通常是各学院、各部门负责人对他们管辖范围内的内部控制负责，大多数的教职工都处于内部控制之外。纪委监察部门和内部审计部门都是高校内部的职能部门，处于高校党委行政领导之下，这使其独立性和权威性受到严重影响。很多高校一般由校长直接分管，很难出具一张独立的不受干扰的审计报告，少数人还拥有凌驾于内控之上的特殊权力，审计监督部门被边缘化，不敢行使监督权。

（2）内部控制范围狭窄

高校通常关注的只是招生就业情况、预算执行情况、基本收支情况，在人员层次上没有涵盖各级各类人员，在业务流程上没有渗透到各个环节，在对象上没有涉及各项业务管理活动。例如，在合同签订执行过程中只注重合同的评审和签订，不注重合同的监督执行，很少分析合同变更的原因，使得实际执行情况与原合同内容脱节。

（3）校内各部门内部控制协调性不强

很多人认为内部控制就是财务控制，把内部控制看作财务部门的责任，结果抓内部控制的只有财务部门，校内其他部门不与财务部门配合，甚至对财务部门产生严重的抵触情绪，使内部控制得不到有效执行。

（4）内部控制僵化

内部控制制度不能随着外部办学环境的变化而变化，内部控制流程再造不及时。一般高校的内部控制工作又过分依赖财务软件管理系统中的定量数据，缺乏定性分析，不能预测未来的发展趋势，从而造成管理混乱，在遇到新情况、新问题时不能迅速采取有效的应对措施。

3. 对风险管控关注较少

内部控制要求高校在依法依规使用管理教育经费的基础上，健全教育廉政风险防控机制。高校掌握了大量的社会公共资源，在进行资源资金分配和使用过程中，由于内部控制制度不健全或执行不到位等原因，违规行为时有发生，所以高校必须高度重视风险管理，不仅要关注财务风险，而且还必须关注战略风险、运营风险及法律风险等，提升风险管控能力。

4. 内部控制信息化建设滞后

信息系统可以实现经济活动、内控流程与单位信息系统的无缝对接，从而减少人为因素的影响，确保信息安全。目前，我国高校信息化建设重业务而轻管理，未能有效嵌入内控的理念和方法。内部各部门有各自的信息平台，不能实现对控制资源的共享和控制职能的整合，既造成资源的浪费，又使各部门互相推诿扯皮，导致内控管理水平低下、运行效率不高。

5. 内部控制评价体系运用不成熟

第一，高校对内部控制评价的认知不足。高校作为事业拨款单位，其领导层对资金运营、风险防控的敏感度较差，缺乏对内部控制内容与方法的有效认知。

第二，内部控制评价体系未能形成闭环，缺乏运营分析控制。现阶段，高校制定内部控制评价指标注重目标的实现，忽视运营分析控制，致使通过内部控制发现风险却难以准确把握风险点，仍需通过人为分析做出风险应对，内部控制评价结果的实践性较差。

第三，高校内部控制评价客观性差。我国高校内部控制评价方法多以定性指标为主，主观因素对结果影响较大，而不易量化的指标缺乏可靠性，使内部控制评价结果缺乏客观性和全面性。

6. 内部控制评价报告利用程度低

第一，高校内部控制缺乏自我评价。我国内部控制评价体系主要包括自我评价和监督两方面，在实践过程中，高校的内部控制自我评价过程极为重要，能够发现高校存在的问题并提出整改措施。但现阶段，高校内部控制评价报告利用程度偏低，自我评价过程有所欠缺，整改报告只停留在字面意义上，缺乏实践性，致使应解决的问题未得到有效处理，内部控制评价体系失去原有价值。

第二，高校内部控制评价报告透明度不高。信息透明化能促使高校从"管控型"向"服务型"转变，有利于加速内部控制评价体系的建设。

（二）高校内部控制管理的优化策略

财政部于 2012 年出台的《行政事业单位内部控制规范（试行）》，构建了内部控制的基本框架，随后国家出台了一系列内部控制方面的规章制度。尤其是

2016年教育部针对高校特点，依据相关法律法规出台了《教育部直属高校经济活动内部控制指南（试行）》，为高校内部控制实施提供了针对性指导。但不同高校具有不同的发展环境和特点，高校必须在上级部门规章制度的框架下，制定适应本校需求的内控体系。内控体系的构建应贯彻以流程为载体、以风险管控为关键、以岗位授权为约束、以规章制度为保障、以信息系统为支撑的内控建设工作思路，从设计和运行两个方面确保内部控制的有效性。

1. 加强顶层设计

高校肩负着培养人才、发展科技和服务社会的多种职能，拥有多种社会经济资源。为充分发挥高校的职能、合理有效配置资源，需要建立完善的内部控制体系。为此，高校应加强顶层设计，设立内部控制设计和建设部门，制定内部控制规范文件，各部门制定的制度必须符合学校内部控制制度要求，不能仅根据本部门需要随意出台制度，造成制度的模块化、碎片化。

2. 建立内部控制体系

全面预算管理是内部控制活动的重要形式，单位应当建立"以预算管理为主线，以资金管控为核心"的内部控制体系。通过预算这一基本控制方法，将单位所有业务衔接起来，将全面预算管理融入学校各项经济活动，使内部控制各环节充分融合。

高校应建立健全预决算管理体制和运行机制，明确各相关部门的职责权限、授权批准程序和工作协调机制。完善收支管理制度，明确收支范围和支出审批权限，及时更新收支标准，梳理收支业务工作流程，查找风险点，加强关键环节的控制。合理设置收支业务相关岗位，利用记账、核对、岗位职责落实、职责分离、档案管理、工作交接程序等会计控制方法，确保单位会计信息真实完整，消除人为操纵因素，规范收支管理。

3. 强化内部审计建设

内部审计部门在高校内部控制中具有组织、引导和协调的重要作用，强化内部审计建设是提高审计效率的重要途径。

第一，应加强内部审计部门的独立性和权威性。我国大多数高校已经设置独立的内部审计机构，但其自主性还需进一步增强，着重加强经济责任及管理效率审计，而非简单地审核采购合同、招标程序、原始会计凭证等。

第二，应加强内部审计专业化队伍建设。一方面，高校根据内部控制特点建立职业技术准入资格考试，强化相关人员的专业能力；另一方面，对已入职的高校内部审计人员进行继续教育，提高他们的履职能力。高素质的内部审计团队能够适应高校内部控制体系特点，提高内部控制评价体系的执行效率。

第三，培养审计人员的综合能力，适当增强审计人员数据分析能力、内控系统审计单元的流程优化能力及审计业务宣传能力，进而实现审计人员引领信息建设、利用信息成果、宣传业务成效的目标。

4. 完善内部控制监督机制

随着单位的发展壮大，主体结构和发展方向都会发生转变，曾经有效的内部控制策略可能不再适用，甚至存在缺陷。内部控制监督的基本要求是查找内部控制缺陷，监督的直接目的是检验内部控制的执行效果，最终服务于内部控制目标，进而提升高校业务经营效率。

一方面，高校应强化内部控制监督职能。由于高校内部部门众多，同时设有部分下属二级单位，其复杂多样的组织结构会在一定程度上妨碍高校的内部控制评价，因此有效的监督机制非常有必要。基层监督可以与财务报销结合起来，在报销过程中，增添会计岗位的控制评价职能，对每笔基层业务的经济效率进行初审，实现机关与学院的互相制衡；同时，由纪检、审计等部门对内部控制监督情况进行复核。另一方面，对于高校内部控制制度的执行情况也不能忽视，应对高校治理措施是否合法合规进行有效监督，及时判断有无内部控制缺陷、有无重要内部控制缺陷、有无重大内部控制缺陷等，并将监督结果及时上报，从而优化内部控制评价体系，促进内部控制循环发展。

5. 优化组织机构设置和流程梳理

根据内部控制的适应性原则，机构设置和人员配备必须根据单位实际情况适度配置，并根据教育事业发展需求进行不断调整，在合理设置机构的基础上，优化工作流程。

目前，部分工作岗位存在人员配备不合理、工作流程不清晰的情况，仅靠员工个人经验和能力来完成某项工作，一旦该员工离职，其他人员往往需要花大量时间和精力来熟悉业务、摸索方法。如果能够清晰地梳理工作流程，绘制工作流程图，让每一个工作人员都能清楚地了解办事程序、相关规章制度，而且能将工作中形成的好的做法和模式固定下来，将大大提高工作效率，避免因某个人的离职造成工作无法正常开展的情况出现。同时，通过流程图也能够比较容易地发现内部控制中存在的不足和风险点，从而有助于内部控制持续改进和优化。

6. 重视内部控制的实施效率和效果

近年来，高校管理规范性要求不断提高，各类管理制度不断强化和更新，面对多种形式的审计、巡视及各类专项检查，高校对内部控制建设已给予足够重视，但在发展与创新方面还存在谨小慎微、裹足不前的现象，不求有功但求无过的思想依然存在，高校更多关注合法合规，忽略了成本效益。

以科研经费管理为例，"八项规定"实施后，科研经费管理从过宽走向过紧，在项目立项、经费使用、结题验收等环节出现重复提交材料、多部门跑腿的现象，科研人员感到无所适从，严重挫伤了科研人员的创新活力。

中共中央办公厅、国务院办公厅联合印发了《关于进一步完善中央财政科研项目资金管理等政策的若干意见》，首次提出"放管服"政策。随后，财政部、科技部等陆续出台了一系列完善科研经费管理的文件。一系列文件的出台表明，科研经费不仅要管得好，而且也要放得开、接得住，资金管理要能激发科研人员的创新活力，有利于科研经费的组织实施，在强调合法合规的基础上，突出效果和效益。

7. 建立风险评估和风险控制制度

高校的日常业务活动风险呈现易变性、动态性和多样性。突发事件时有发生，内控管理的风险系数明显提高，同时也应认识到风险可能带来损失，也可能带来收益，只强调风险"负面性"的内控管理制度已不能满足高校发展的需求。高校应结合自身发展的具体情况和当前的社会发展需求，对内、外部环境进行分析预测，对可能出现的风险进行全面客观地评估，构建一套行之有效的风险控制制度。具体做法如下。

（1）强化风险管控意识

由于高校长期处于较稳定的环境，风险管理文化比较贫瘠，管理层应充分意识到风险管理对学校发展的重要性，使风险管理成为学校治理和发展战略的有机部分，科学引导高校全员树立正确的风险防控意识，将风险管控工作与自己的日常工作有效地结合起来，构建有助于强化风险管理和高校效益的良好氛围。

（2）建立风险预警机制

各部门事前通过特定程序和风险登记评估问卷等工具界定风险对象，认真分析各个流程中的关键领域和关键风险点，对可能面临的风险进行识别，并建立财务风险指标体系，将定性指标和定量指标结合起来进行风险评估，及时发现风险，分析风险源，制定相应的风险防范措施，做到未雨绸缪，充分发挥预警机制的作用，最大限度地减少风险造成的损失。

（3）动态调整风险管控

高校应定期对所有经济业务活动进行风险识别和评估，实行动态风险管理，根据实际情况，结合环境及学校管理需求，将评估结果作为修订、完善、补充内部控制的依据，不断优化内控制度。

8.建立有效性内控考评制度

有效性内控考评制度是优化内部控制、实现内控目标的有效保证。高校需要建立适合自身情况的内控考评制度，确保内控建设不断完善并得到有效实施。具体做法如下。

第一，保证内部控制设计的有效性。如果内控制度在设计上存在漏洞，即使落实得较好也是无效的。高校应定期召开内控考评会议，及时发现内控上的灰色地带和空白点，并进行调整。

第二，保证内部控制运行的有效性，即指保证现有内部控制按照规定程序正确执行。定期公示各部门的内控建设情况，制定相应的考核制度和奖罚制度，将高校内控制度的建立和实施与高校部门考核、领导干部考核、中基层考核相关联，给予未达标的部门申诉和整改的机会，与部门绩效、评优、次年部门预算相关联，与个人的聘用和选拔等挂钩，从而提高高校全员参与内部控制建设工作的积极性，加大内控工作的落实力度。

四、监督管理

高校在财务管理中必须实时、有效地反映学校财务现状及出现的问题，并对信息的完整性、真实性进行反馈，且不断对学校财务状况进行有效分析，准确评价各项财务工作。此外，监督管理学校各项经济活动和财务状况，保证其合理性和有效性。目前，随着高校规模的不断壮大，在遵守国家相关法律法规的前提下，加强监督管理,加强廉政建设,保证各项资金合理有效地应用到学校的建设中去。

(一) 高校监督管理存在的问题

1. 高校财务治理监督体制存在缺陷

高校财务治理监督体制的缺陷主要体现在以下两个方面:一是具备人治特征。高校是由政府举办的事业法人单位,因此很多高校将监督权授予高校法人,由法人将权力下放。而这种情况之下,容易导致契约性权力相对较弱,以人治为主要特征。鉴于财务监督需要以权力性、服从性为主,因此,当前高校财务监督体系存在一定的弊端。监督的核心涉及权力的制衡以及利益的均衡,只有维持利益均衡才能确保监督治理架构稳定,但由于当前财务治理监督体制以人治为核心,因此存在腐败现象。二是具有一定的空泛特征。当前许多高校的监督体制以公文化、形式化为主要特点,缺乏实质性的量化监督内容,许多工作流于表面,缺乏实质性的开展。

2. 高校财务信息不透明

近年来,高校财务信息是否公开透明是社会所关注的焦点问题,具体包括高校财务预决算报告、教育收费信息及"三公经费"等一些具体财务信息是否公开透明。当前,大部分高校仍然没有做到对利益相关者的信息透明化,加剧了信息的不对称,使得相关利益者无法全面、真实、可靠地获取高校财务信息,无法真正发挥其作用。同时,即便一些高校进行财务信息披露,但仍然缺乏规范性,未形成统一的披露格式,难以达到财务信息披露的质量要求。

3. 高校财务监督制度缺失

只有将制度落实到位,才能够确保财务监督制度的发挥。任何制度实施的最终目的都是实现约束与激励作用,而财务制度体系也需要遵循此原则。为确保制度与人的和谐,必须实现责、权、利三者统一。当前高校实行校长责任制,这种个人集中问责制度充分体现了人治特征,难以将责任落实到各个部门,从而容易出现高校管理效率和效益无法确保的问题。

(二) 高校监督管理的优化策略

1. 明确高校产权

针对当前部分高校存在产权责任不明确的问题,我国高校必须以独立法人主体身份拥有独立产权,这种清晰的高校产权制度符合当前市场发展的需求,也是解决当前各种问题的首要切入点。因此,高校需结合当前产权制度体系,加快财务监督体系的建设工作。

2. 完善监督外在环境

高校监督体系运作实际效果与监督体制的良好运转有着密切关系,而这一切又取决于为系统运转的外部制度环境。所以,在制定相应监督体系的过程中,要建立健全监督体系外在环境,明确监督细则,让人们了解监督条例,养成依法办事、依纪办事的习惯。完善的监督体制对高校各项工作作出了明确要求,不断净化高校财务治理环境,从而为财务监督体系奠定了良好的环境基础。

3. 落实奖惩规则

切实可行的财务监督体系与内部奖惩规则有着密切联系。考虑到奖惩制度主要围绕个体进行,因此,可以从人事考核管理上实现人力、财力、物力三方面的联动。一是从各项工作上分清责任主体,制定明确的岗位责任制,结合人力资源部门对不同岗位制度出示相应考核标准,建好各个岗位的奖惩体系。二是建立健全责任追究制度,由相关部门落实奖惩责任,将责任落实到具体职位及个人,防止出现责任推脱现象。

第二节 高校财务管理的目标和环境

一、高校财务管理的目标

高校开展财务管理活动就是为了实现其管理目标,只有明确了高校财务管理的目标,才能以此为基础更切实有效地开展财务管理工作,提高高校的财务管理水平。高校财务管理目标具有自身的独特性,它不是一个独立存在的目标,而是以高校发展总体目标为前提,在高校发展总体目标的框架内,确定为高校发展服务的财务方面的具体管理目标。因此,高校财务管理目标不是一成不变的,而是随着高校发展目标的变化而变化的,但基本的管理目标是确定的。高校是公益性的教育事业单位,服务于国家的经济社会发展,提供教育准公共产品,根据高校的特点，高校财务管理的目标包括以下几个方面。

（一）高校财务管理的基本目标

高校开展财务管理活动，需要建立运行有效的财务管理系统，这是财务管理最基本的目标。高校为了实现财务管理目标，必须建立运行有序、管理有效的财务管理和控制系统。高校想要进行科学、有效的财务管理工作，首先需要加强内部管理，要建立健全、有序、高效的内部管理制度，只有保证高校财务管理系统健康、有效运行，才能保证高校从整体层面健康发展。只有实现财务管理本身的有序、有效，才能保证开展财务管理活动可以实现财务管理目标，才能保证高校健康运行。因此，对于高校财务管理来说，建立有效的财务管理系统是基本目标。

（二）高校财务管理的主要目标

高校进行财务管理从某种角度来说是为了通过加大筹资推动高校发展，因此实现筹资最大化是高校进行财务管理的主要目标。筹资最大化是高校为了实现更好发展的重要途径，是指实现高校发展所需资金的筹集最大化。筹资即通过各种渠道和方式为了某种目的而筹措资金，是一种常见的财务管理活动。需要注意的是，高校属于教育单位，因此与身为经营单位的企业不同，财务管理目标并不是追求利润最大化，高校的财务管理目标应该是追求筹资最大化。高校筹资途径多样，最主要的资金来源为政府投入和学费收入，在此基础上还有一些其他收入作为补充。学费是政府审批的事业性收费项目，高校收取学费是为了有效地补充教育经费，政府投入和学费收入都是高校筹资的重要组成部分，但是学费收入会在一定程度上受学费标准和学生人数的限制。此外，高校还有收到社会捐资助学等其他资金，这些筹资途径的范围相较于学费收入更为广泛。高校为了实现更好的发展，实现筹资最大化的财务管理目标，应该积极申请政府各项专项资金，还需要积极争取社会的捐资助学。

（三）高校财务管理的终极目标

在建立运行有效的高校财务管理系统，和追求的是在筹资最大化的基础上，实现资金使用效益的最大化。可以说，对于高校财务管理而言，基本目标是实现筹资最大化，最终目标是实现资金使用效益最大化。其中，资金使用效益最大化实际上就是指最大程度上发挥筹集到的资金的效益。高校必须在使用资金之前进行科学的效益评价，只有这样才可以有效避免由于盲目或随意支付资金导致资金浪费情况的发生，科学、合理地运用资金是财务管理的关键。高校使用筹集到的资金时，首先需要保障高校的正常运转，其次要为高校发展的实际需要服务，要明确高校发展重点，将资金投放到学校规划和优先发展的项目上，同时高校必须进行科学、有效的资金使用效益评价，只有保证资金充分发挥使用效益，才可以最大程度上发挥筹集资金的作用，才能有效推动高校的发展。

二、高校财务管理环境

《中华人民共和国高等教育法》已对高校的设立、组织、功能作了明确的规定。从高校的设立和管理体制看，高等学校是被赋予了各种社会、政治和行政功能的教育机构。高校财务管理是在高校特定的政治、经济环境中进行的，高校财务管理的环境由外部的大环境和内部的小环境构成。高校财务管理受行政和政治因素的影响，有时会超过经济因素本身的影响，因而并非纯粹的经济管理，高校财务管理的效果是经济、政治和管理人员职业素质等因素共同作用的结果。高校财务虽然不像企业那样存在"内部人"控制问题，但行政因素的影响也会导致掌控"经济权人"偏离正常的轨道，因此管理人员的职业素质在高校财务管理中是最重要的因素。高校处于特殊的经济、政治环境中，在遵循经济规律管理高校财务的同时，要兼顾政府行政管理的要求及教育的社会功能。

第三节 当前我国高校财务管理的现状

目前，我国高校财务管理不符合高校的职业发展，财务管理不能有效实施，原因在于人员、系统和执行能力这三个层面的问题未得到解决。

一、人员层面

一方面，财务管理的概念已经过时，但财务人员对财政管理概念的了解是不充分的，对财政管理没有科学的看法。另一方面，财务人员的素质和配置无法适应日益复杂的工作量。目前，部分高校会计工作人员比例很低，处理日常会计业务、分析工作的能力不足，缺乏管理人才，影响工作质量。

二、制度层面

为了更好地贯彻以人为本的管理理念，提高高校财务管理的效率，高校必须制定和完善相应的财务管理制度，并且必须注重改善大学财务管理系统的灵活性。

三、执行力层面

首先，在预算方面，严格监测财务部门的意识形态，领导部门的协同作用，但在更高层面，目前财政预算缺乏足够的执行能力。由于高校资金来源的多样化，并且产生的收入没有纳入高校综合预算，导致其脱离了预算的监督管理，影响了高校的正常运行秩序。其次，财政预算执行情况是按照分类管理财务系统和日常经济活动的会计收支，以及合理的收入和支出的影响而变化。如果缺乏科学系统分析，就会导致许多高等院校只分析了资金用于项目、机构的预算而缺乏经济活动和意识的发展。最后，至于预算监督，必须出现预算执行情况，而目前的主要问题是在执行预算的收入和支出，如果直接减少收入、支出或将其列入企业资金，这就可能导致了收入的低估和专项资金的分配失败。

第二章 高校财务管理风险及预警系统

本章主要介绍了高校财务管理风险及预警系统相关内容，共包含两节内容，其中在第一节主要介绍了高校财务管理风险，在第二节详细介绍了高校财务管理风险预警体系的构建。

第一节 高校财务管理风险

一、高校财务风险的定义

财务风险其实是企业财务管理中的基本概念，而对高校财务风险的定义，目前国内主要有狭义和广义两个视角。

狭义的财务风险通常被称为举债筹资风险，是指高校由于举债而给高校财务状况带来的不确定性。狭义的高校财务风险定义产生在特定的历史背景下，切实反映了扩招、评估压力下国内众多普通高校的财务风险来源，但是该定义的局限性也是不言自明的。负债风险是当前高校的显著风险，但却不能代表高校财务风险的全部，高校在运营过程中的其他问题同样会导致财务风险。如果仅仅将高校财务风险简单地理解为负债风险，那势必不利于对高校财务风险的全面控制和管理。

广义的财务风险是指高校在运营过程中，由于委托代理关系、财务治理等内外部环境因素作用所形成的财务状况的不确定性。从而使高校蒙受损失，造成其不能充分履行其社会职能、提供公共产品乃至危及其生存的可能性，是风险的货币化表现。也有观点认为，在定义高校财务风险时，应将高校财务风险界定为可能给高校带来损失或收益的不确定性。①

---

① 许长青. 高校成本控制与财务风险防范 [M]. 北京：社会科学文献出版社，2016.

二、高校财务风险的组成

高校与企业不同，作为非营利机构，高校的财务风险从总体上看主要表现在以下 3 个方面。

（一）筹资风险

在高校的全部流入资金中，财政拨款是政府预算支出项目，来源最为稳定可靠，其风险一般可以忽略不计。高校筹资风险主要体现在高校取得的金融机构贷款风险上。高校的金融机构贷款风险是指高校从银行等金融机构取得贷款后，由于贷款结构不合理、贷款使用不当或贷款管理不善，而使高校遭受经济损失的可能性。

（二）投资风险

高校投资主要是为了满足社会日益增长的教学科研需求，其投资风险主要体现在基建项目投资风险和校办产业连带风险上。校办产业连带风险是指高校校办产业经营不善而使高校产生连带经济责任的可能性。高校的校办产业是为了实现高校科技成果转化而成立的，虽然现在大多校办产业已经进行了公司制改造，但高校仍然与校办产业有千丝万缕的联系，一旦校办产业由于经营不善导致经济损失，高校很可能要承担连带责任。

（三）教育教学风险

目前，高校招生规模不断扩大，虽然不断增加教育教学成本，但各高校仍无法保证软、硬件教学资源与学生数的同比增长。学校教学基础设施不足，生均校园面积、生均图书拥有量、生均教学仪器设备台件数下降情况在许多高校出现。除此之外，师资力量不足，教师满负荷工作，知识得不到更新、提高，也会导致教育教学质量下降，科研能力减弱，培养出的学生名不副实，毕业生就业困难，最终使得高校信誉受损，办学效益低下，进而引发财务风险。

三、高校财务风险的特殊性

由于高校与一般企业在各个方面存在差异，高校的财务风险也体现出不同于企业财务风险的特殊性。

对企业财务风险的考察，往往要根据企业的资金流转环节（筹资风险、投资风险、利润分配风险）来进行，然而高校与企业虽有相似的资金流转环节，但资金流转的目的却截然不同，即企业资金流转是为了获利，而高校则主要从事非营利性活动，高校的资金流转是为了满足社会的共同需要。因此，高校运营过程中产生的资金耗费，不可能像企业那样通过销售产品或提供劳务，得到价值补偿并取得利润。另外，资金收支活动渠道多样化、校办产业种类多样化、财务管理政策性强等高校财务管理的复杂性，也会导致高校的特殊财务风险。

第二节　高校财务管理风险预警体系的构建

一、高校财务风险预警指标体系的建立原则

（一）体现高校财务风险的特点

高校不同于企业，高校财务风险也与企业财务风险不同，有其独特性，即筹资上有较强的政策性要求、开支上的非补偿性、产品上的非营利性、周转上缺乏再生能力等。因此要选取能反映高校财务风险特点的评估指标。

（二）定量分析与定性分析相结合

理想的财务分析，应该是定量分析与定性分析的结合。完备的高校财务风险预警系统，既要包括运用模型而进行的定量分析，又要包括基于分析人员经验、考虑非量化因素而进行的定性分析。定量分析以数据为基础，定性分析以逻辑为基础；定性与定量相互补充，相互配合才能达到理想的财务风险预警效果。

（三）具有动态性特点

高校财务预警指标的动态性，首先体现在高校财务预警指标既要能评价过去，又要能预测未来，即能体现动态的分析过程。其次还体现在财务预警指标必须随着情况的变化而发展，即随着高校财务风险的变化要对其不断进行修正和补充，从而保证预警指标的及时性。

（四）反映全局和系统的观念

高校制定财务预警指标体系的目的是预警，但内容不能仅仅是预警，而是围绕预警所开展的一系列活动。具体包括预警事前确定评价指标、制定指标的安全区间和风险区间、建立数学模型、资料信息的传递等；预警事中分析资料、发现问题、发出预警；预警事后分析风险原因、寻找风险根源、建立追踪系统纠正错误、跟踪预警等。高校财务预警系统要注重日常监控，随时发现各种可能导致预警的情况，重视从细微处发现问题，及时对症下药。

二、高校财务风险预警指标体系的指标构成

（一）流动比率

流动比率＝流动资产／流动负债

一般情况下，流动比率越高，说明高校短期偿债能力越强，那么债权人的权益就越有保证。高校财务状况稳定可靠的表现为，除了能满足日常教育经营的流动资金需要外，还有足够的财力偿付到期、短期债务。

（二）资产负债率

资产负债率＝负债总额／资产总额 ×100%

资产负债率越小，说明高校资产中债权人有要求权的部分越小，由所有者提供的部分就越大，资产对债权人的保障程度就越高；反之，资产负债率越高，债权的保障程度就越低，债权人面临的风险就越高。学校资产负债率的警戒线一般为 60%。

（三）现实支付能力

现实支付能力＝年末货币资金／月均支出额

其中：月均支出额＝全年支出总额／12

现实支付能力指标用来预测高校近期正常的支付能力。该指标值越大，说明高校偿还到期债务的能力越强；反之，高校偿还到期债务的能力就越弱。该指标值不能过低。

（四）潜在支付能力

潜在支付能力 =[年末货币资金 + 年末应收票据 + 年末借出款 + 年末债券投资 – 应收（预付）款 – 年末应缴财政专户 – 年末应交税金]/ 月均支出额

该指标表明，学校年末存款能满足学校支出的月份。该指标值越大，表明潜在的支付能力越强；反之，则越弱。高校一般应满足 3~4 个月的支付能力。

（五）收入负债比率

收入负债比率 = 年末负债总额 / 总收入

它反映在不考虑支出的情况下高校收入刚性偿还债务的能力大小。该指标值越小，表明高校的偿债能力越强；反之，说明高校的偿债能力越弱。

（六）自筹收入能力

自筹收入能力 = 自筹收入 / 总收入

其中：自筹收入 = 事业收入 + 经营收入 + 附属单位缴款 + 其他收入

该指标反映了高校自我筹集资金的能力，该指标值越大，说明高校自我发展能力越强；反之，高校自我发展能力越差。该指标值不应过低，否则影响高校的正常运转。

（七）经费自给比率

经费自给比率 = 自筹收入 /（事业支出 + 经营支出）

经费自给比率指标评估的是高校利用自身资源能力的大小。该指标值越大，说明高校的管理绩效越好；反之，则说明高校管理绩效越差。

（八）收入支出比率

收入支出比率 = 总收入 / 总支出

若总收入小于总支出，则比值小于 1，说明学校该年度出现赤字和负债，需要动用历年学校财务结余，或向银行贷款。该指标数值越小说明学校财务运转越困难。若该指标值长期小于 1，说明学校面临较大的财务负债风险。

（九）净资产收入比率

净资产收入比率 = 总收入 /（期初净资产 + 期末净资产）/2

该比率与收入成正比，与净资产投入成反比。该指标值越大，表明用一定的净资产投入得到的收入越多，即其收益能力越强；反之，其收益能力越弱。

（十）自有资金动用程度

自有资金动用程度＝（应收及借出款＋校办企业投资＋对外投资＋借出款）/（事业基金＋专用基金－一般基金）

该指标越小，表示高校实际自有资金动用越少；反之，该指标值越大，说明高校实际自有基金动用越多，高校未来的发展越有可能受到制约。

（十一）净资产增长率

净资产增长率＝（期末净资产－期初净资产）/期初净资产

净资产增长率是衡量高校发展潜力的一个重要指标。该比率越大表明高校的发展潜力越大，面临的财务风险越小；反之，说明高校面临的财务风险越大。

（十二）货币资金净额增长率

货币资金净额增长率＝（期末货币资金净额增长率－期初货币资金净额增长率）/期初货币资金净额增长率

货币资金净额增长率指标能够反映高校流动资产中货币资金的运作风险状况，从而反映高校的发展潜力。该比率越大，表明高校的发展潜力越大，面临的财务风险越小；反之，高校面临的财务风险越大，可能会影响高校的发展。

第三章 高校财务管理创新的理论探究

本章的主要内容为高校财务管理创新的理论探究，共包含两节内容，其中第一节介绍了高校财务管理创新的背景，第二节详细地阐述了高校财务管理模式创新的内容。

第一节 高校财务管理创新的背景

一、新会计准则对高校财务管理的影响

（一）新会计准则对高校的意义

1. 公共财政管理体制改革的需要

公共财政制度要求"一个部门一本预算"，这就要求高校总预算中既要有基建工程的收入又要有财政上的支出，还要有后勤的支出，都要有独立的会计核算；在实行国库集中收付之后，每一个基层预算单位都要开设一个零余额账户，因此，为了体现零余额账户信息，高校需要设立与此相关的会计科目，这其中有很多新的会计业务，已经超出了原来的大学会计制度的分类。在政府采购体系中，相关的资金并未分配到学校，而是按照学校的预算及实际需要，直接分配到商户。因此，与此相关的会计处理方式也随之变化。在预算编制和预算执行等方面，提出了高校预算外收入应纳入财政专项账户的规定，并对预算外经费的会计处理方法做了相应的调整。加强国有资产管理，并对估价标准进行了调整，使其能够真正、全面地反映出资产的用途，对其评估行为进行了合理的分配，使其有效地防止资产损失。因此，根据公共财政管理体制改革的需要，制定一种新的会计制度来指导大学的会计实践是很有必要的。

2.规范高校会计核算的需要

随着中国高等教育体系的进一步发展，大学的内、外部环境也发生着深刻变化，高校所处的社会经济发展环境也在日益复杂化。在这种背景下，管理和使用好教育资金，确保资金的标准化、安全和高效使用，是当前和未来大学会计工作的首要任务。为了使学校的财务报表能够更好地反映出学校财务的真实情况，需要对学校的财务报表进行进一步的完善和规范。

高校的会计核算应当包含固定资产折旧、各项资产减值、各项收支的逐月核算和费用核算。在预算执行过程中，必须要有一套标准的高校会计制度，要根据有关规定进行最终的结算，确保预算的有效进行；标准化会计制度可以确保不同资金的正确和安全使用；可以加强对资金转移和资产负债表的管理，协调转移和资产负债表资金的使用；根据相关会计对象和方法，收集、分配和计算各种经营成本，以达到细化和加强成本核算的目的；会计领域应根据经济交易的具体形式和经济治理的形式进行分类和计算，并应根据会计要素的具体内容细分为不同主题。通过对会计科目的增加或减少，使其改变会计核算内容，从而使会计核算更加规范化。

（二）新会计制度对高校财务管理的影响

高校会计制度保证财务管理工作顺利进行，随着市场的发展，原有的高校会计制度不能适应新的环境，在这样的背景下新会计制度应运而生。新会计制度从扩大高等教育范围到发展内容，以及对高校经济交易的确认、计量、登记和报告等方面的综合标准对高校财务管理任务提出了新的指标。

1.高校财务管理工作的重心从"核算型"转向"决策型"

随着中国高等教育的不断发展，我国高校资金的来源已逐步扩大到财政拨款、收费收入、产业收入、社会捐赠、科研收入、贷款收入、利息收入等多种渠道，重点突出了资金运用的效益。在此背景下，高等学校的财务工作要从以日常管理和会计作为主要功能的传统"核算型""事务型"逐步过渡到"管理型"，逐步实现对学校的各种经济活动进行事前预测、计划、事中监督、控制、事后考核、评价，更好地为学校的决策服务。

2.新会计制度强化了高校的受托资产管理责任

新的会计制度增加了关于国库集中支付、政府收支分类、部门预算及国有资产管理等方面的会计准则，禁止对固定资产的折旧"虚提"和无形资产的摊销。重点体现了政府将高校的资源或决策权委托给高校进行管理的目的，对结转、结余及结余分配的会计核算进行了全面的规范，从而使高校的社会和经济价值得到更大的提升。所以，新会计制度添加的账目的内容强调了高校财务需要进行科学的核算，并反思这部分资源的可信管理，以便客观、科学地评估委托给监督部，以便高校内部控制机制的实施和提升可信教育资源的使用的有效性。

3. 新会计制度强化了高校的财务风险管理

21世纪是高等教育事业发展的重要转折时期，高校面临着前所未有的发展机遇。许多大学都在积极地进行着自己的建设，都是为了更好地发展自己，增强院校整体实力。尽管近年来财政部向高等教育机构拨款越来越多，但大学的财政收入仅足以支付日常开支，因此许多大学利用银行贷款建设基础设施，或购买一些学习设备。高校使用银行贷款需要偿还本金和利息。所以在专项资金和其他收入来源没有显著增加的情况下，高校只能为了偿还债务而降低学习成本，而这在一定程度上增加了高校的财务风险。新的会计制度表明，高校应该收集有关其资产和债务的信息，并对学校的基础设施投资项目进行规范，将学校的"大账"定期合并到学校的会计科目中，还要把学校内部的独立核算的会计科目纳入学校的财务报告中，提高学校的会计科目的整体性和对比性；财务报告要对学校的负债情况进行详细的说明，并对学校的负债情况进行详细的描述；同时还要强化对学校的资产和财务风险的预防，加大对学校的负债监督。

4. 新会计制度强化了高校成本核算与控制

新会计制度在旧会计制度的基础上进一步规范了高校财务收支管理，对收支进行分类，并要求匹配相应的收支，以加强成本核算和控制；通过更新固定资产折旧和无形资产折旧，更好地体现出资产的价值。为高校的成本费用管理、资产使用效果、经费使用效益及预算执行情况，提供了一定的参考价值。

5. 新会计制度强化了高校财务管理的决策分析功能

新会计制度对高等学校的财务报告进行了进一步的改进，把其主要内容分为"资产负债表""收支表""财政补贴收支表""附注"四个大类，并明确了"附注"所应披露的最小范围。目前，随着高等教育实现内涵式发展，高校推进管理机制创新、强化内部风险的防范，这对高校的财务管理工作提出了一个要求，那就是要具备分析和处理复杂性、综合性和精细化问题的能力。

（三）新会计制度环境下高校财务管理的创新

高校的财务管理是其内在管理，它对的生存与发展有很大的影响。所以在实行新的会计核算体系的基础上，高校要进行财务观念的转变，以达到社会利益与经济利益的"双赢"，从而促进高校的内涵式发展。

1. 高校财务管理要树立大局观

首先要意识到高校的建设应该服从于国家的高等教育建设，要立足于国家的高等教育建设，要认清大势，顾全大局，应在国家能够提供的财力、物力的范围之内，将高校的经费分配与供给做好，努力提升资金的利用效率。其次在对本校教学科研整体建设进行财务服务的过程中，财务部门要把自己的工作目标和学校的总体目标联系起来，把学校的长远发展目标和短期发展目标联系起来，真正为学校的发展提供服务。在安排教育资金的时候要明确优先顺序，既要保证重点项目建设，又要兼顾普通项目的实施。时刻牢记各项工作都是全校的重要组成部分。最后，财政部应使用新的会计系统来改善财务管理，以便提供及时、准确和完整的财务数据，为监督部门和学校提供条件，帮助他们更好地解决学校治理和发展中存在的问题。

2. 高校财务管理要树立成本效益观

为了提升高校的整体办学能力，高校在财务管理方面要有成本效益的观念：根据教育部、财政部的成本管理办法，强化教育成本的计算，即以绩效为中心，把办学成本与效益联系起来，在高等教育中努力以最小的投入，培养出更多、更好的人才。如今，高校的教育形式越来越多样化，资助渠道也越来越多样化，这就要求高校的财务管理也要跟上时代步伐，为了使高校财务管理步入正轨，有必要认真宣传国家金融法律和普及相关经济政策，为财务管理创造一个具有成本效益的概念。基于对教学结果的评估采用新的会计体系，对成本和费用进行核算，对生均培养成本、人力资源成本和人才培养成本进行计算后，选用降低办学成本的最优方法，使各单位在教学和科研方面的投资达到最小，同时获得最大的经济效益和社会效益，从而提升高校的办学效益。

3. 高校财务管理要树立风险控制观

高校独立教育过程中的生源越来越受到市场和高校整体实力的影响。随着高校教育形式和资金渠道的多样化，投资融资与建设和发展学校的需求之间的冲突越来越明显。这时，谨慎使用负债可以在一定程度上缓解学校资金短缺的情况，并充分发挥杠杆作用。然而，在利用负债补充不足的教育资金时，高校必须树立风险意识，其财务管理人员必须具有风险防范意识，要合理组织高校资金，对贷款项目进行可行性研究，并制订还款渠道和计划。

4. 高校财务管理要探索实现财务业务一体化

利用信息化建设，将财务、预算、资产、成本有机地结合起来，同时将财务业务过程与高校的其他管理活动相结合，使财务管理更深层次地融入高校的日常业务中，从而改变高校的业务处理方式和管理模式。将财务工作与学校业务联系起来，一方面可以使高校在业务部门中实施适当的财务战略和财务管理，并及时反馈高校不同业务部门在业务过程中出现的问题。利用新的会计系统和现代信息技术实现共享金融服务，能够更好地推进管理创新，调动学校各个业务部门参与财务工作，共同关心学校建设和发展，促进各个业务部门为学校获取更多资金支持提供建议，从而提高学校的总体财务管理水平。

5. 高校财务管理要树立决策分析观

在进行科学分析、评估以及对资金进行再运用的过程中，推动高校充分挖掘自身潜力、强化预算管理、努力开源节流，有助于推动高校预算的顺利实现，还可以提升高校资金的利用效率，促使高校严格遵守国家的财经法律和财务制度，持续提升其内部管理水平。

6. 重构财务管理工作组织体系

现阶段，新的会计制度不再只是会计和处理，而是必须平衡财务、预算、资产、支出和其他方面。在新会计制度实施的背景下，需要建立服务于高等教育发展的财务管理体系，这样才可以通过科学的财务管理制度，合理配置和高效利用高等教育资源，更好地促进高等教育的发展。

以高等教育战略发展为导向，对高校财务管理体制进行系统的构建，同时建立对高等教育经费管理的绩效评价指标体系，是对高等教育资源的分配进行优化，这可强化高校对各种财务工作的监督和管理，对高等教育资源的保值和增值非常有利，从而提升高等教育资源的使用效率、高校的战略管理能力、高校的办学效益和办学质量，推动高校事业的良性发展。

二、互联网背景下高校财务管理的发展

互联网的普及促进了高校财务管理工作的发展，下面主要从信息化、网络经济和一卡通三个环境分析互联网背景下高校财务管理的相应创新。

（一）信息化环境下高校财务管理创新

高校需建立金融管理的信息化平台。在这个科技的时代，信息的传播速度很快，如果想要对高校的财务管理模式进行创新的话，就必须走在市场的最前沿，获得即时的数据。借助日益成熟的互联网技术，建立了一个财务管理平台，及时对高校财务的总体预算状况以及各个学院的预算执行状况进行监控。

通过建立信息化平台，可以确保高校一级财务机构做好财务绩效监督工作，对财务收支进行全面的掌控，对资金的进出进行落实，确保高校从资金来源到资金流动都畅通无阻，加快财务工作运转的速度。要想充分发挥信息平台的作用，高校必须综合各种复杂信息，并对综合后的信息进行处理和分析。要对待处理的信息进行分类、检查，以确保信息的准确性；对查证后的信息进行分析、判断，并给出合理的看法与建议；通过对研究结果的分析，做出决策，并对财政方案进行相应的调整，从而为大学的发展奠定坚实的科技基础。

在高校财务管理中，信息的及时反馈对财务规划决策的准确度和及时性有直接的影响，进而对整个高校发展进程有很大的指导作用。高校要想在财务管理方式上进行创新，就应该将信息化建设作为重点，通过强化对动态信息的管理，增强对其的分析分辨能力，增强反馈结果的精确度和及时性，从而更好地为高校的财务建设和高校的教育建设提供服务。

（二）网络经济环境下高校财务管理创新

1.高校财务管理内容创新

随着网络经济的到来，高校财务管理工作也变得极为便捷。首先，高校财务管理人员要充分发挥信息化的优势，做好财务的两条线管理，一是将年度所有的财政收入全部输入到财务管理系统中；二是根据自己的财政状况和发展方向，编制出相应的财政预算。其次，利用财务信息技术，对国家拨付的研究经费进行有效的管理，保证经费的合理使用，提高高校研究的质量。最后，在互联网经济的

背景下，高校各类财务数据庞大，要不断提高财务分析能力，为高校发展提供切实有效的保障，帮助高校明确未来发展方向。

2. 高校财务管理模式创新

高校应完善预算管理机制，确保制度制定的合理性、科学性和民主性，要积极、高效地推进高校财务管理模式的创新。

3. 高校财务工作方式创新

高校应根据自身发展实际，积极更新财务管理工作方法。特别是网络经济的环境已经逐渐将固定的办公空间转变为网络化的虚拟办公空间，这在一定程度上提高了大学财务工作的透明度。此外，即使财务人员离开办公室，也可以继续进行日常的工作，而不会再被场所和时间所束缚。因此，他们可以实时了解各下属单位的资金使用和管理情况，也可以在线监控下属单位和外联单位的财务往来，实现对款项余额的实时监管。利用互联网，高校可以加强各方面的业务往来，并且各类报表处理更快，在很大程度上提高了工作效率，达到创新高校财务工作方式的目的。

4. 高校财务管理软件创新

随着网络经济的发展，高校的财务管理在内容、模式、工作方法等方面都发生了深刻的变化。这就给高校的财务工作带来了新的挑战。它应该尽量加强与外界的联系，并在高校财务管理使用的软件方面进行积极的更新，以适应自己的运营和管理需求。财务管理软件的更新依赖于网络，高校需要实现从局域网到互联网的过渡，才能有效地改善在线办公条件。互联网背景下，高校财务管理软件应具有可靠的移动和网络工作功能，增加不受地点和时间限制的财务管理模块化功能，最大限度地提高高校资金的安全性，并确保高校教学、研究和资金的同步，实现资源的合理分配。

（三）一卡通环境下高校财务管理创新

1. 引进先进的财务管理设备

这是一种非常有效的方法，可以解决财务人员计算量庞大的问题，从而提高财务信息化管理效率。高校应当对自己的财务工作状况进行全面的分析，并且引入更多先进的财务信息管理设备和手段，在一卡通实施后，为财务信息的核算与财务管理工作提供了可靠的装备与技术保证，从而提升财务管理工作的质量。

2.规范财务管理人员行为

高校应结合自身财务工作的实际情况,完善现行的高校财务管理办法,并通过制定与其发展方向相一致的财务管理制度来约束财务人员的工作行为,从提升财务人员的个人素质的角度来降低校园一卡通对高校财务管理工作的负面影响。同时,高校也要加强对财务人员的监督,避免在财务人员中发生监守自盗的现象,从更好地维护财务管理秩序的角度来提升高校的财务管理工作的有效性。

3.保持财务工作的连续性

第一,各高校要对自己学校的一卡通的使用情况以及某一时间段内一卡通的资金流向进行分析,并与其他高校进行沟通和探讨,根据自己的工作需要,学习和借鉴其他高校引进一卡通之后的经验,从而完善自己的财务管理体系、提升自己的财务管理水平、提高自己的财务管理能力。第二,高校要以先进的技术设备为核心、以高素养的财务管理人员为主体、以良好的财务管理环境为基础,全方位开展高校财务管理工作,通过实现高校内各种资源的优化整合,加强财务部门的建设,提高财务管理水平。

4.加强校园财务管理安全

高校一卡通的使用,需要有信息化的管理体系作为支撑,同时也需要有网络技术作为后盾。因此,对于高校财务信息的安全性的分析,提出了一种新的解决方案。一方面,高校要对财务信息的管理予以足够的关注,把财务信息的安全管理提高到高校的发展战略的高度,从上到下,建立起一卡通的安全风险防范意识。另一方面,高校还应加大对财务管理者和大学生的金融安全教育力度,让他们更好地了解金融风险,从而增强高校金融管理体系的安全性。

三、教育产业化背景下高校财务管理的创新

(一)什么是教育产业化

"产业"的概念原本是指"社会物质生产部门和行业"。马克思创立了两大类产业分类法,即生产资料部门和消费资料部门。经济发展越发迅速,非物质生产部门出现并越来越多,于是,产生了"第三产业"的理念。三大产业分类法延伸了产业概念后,国际上就开始将教育视为第三产业的组成部分之一。

（二）教育产业化背景下高校财务管理的发展

在教育产业化的大环境中高校的财务管理存在着诸多问题。这既有政治上的原因，也有经济上的原因；既有历史的缘由，也有现实的缘由；既有思想方面的因素，也有管理体制、机制方面的因素；一方面是因为管理者的责任心，另一方面也是因为管理者自身的素质。其中，有一些是可以通过自己的努力来克服的，也有一些是由高校财务管理的客观环境所决定的，因此，对其进行处理时，要坚持有效性的原则。高校要集中精力解决当前可以解决的问题，并为当前无法解决的问题做好充分的准备。要做好这两点，首先，是要根据时代的发展、工作的特点、工作的要求不断地转变管理理念；其次，要有步骤地构建新的经营制度与经营方式；再次，要逐渐构建和健全自我经营工作评价制度，使之能够及时地了解"自己"，不断地提高工作质量；最后，要进一步健全高校财务管理相关的法律法规，尽快将高校财务管理工作从法律、法规上加以规范。

随着我国高等教育产业化进程的逐步推进，高校的财务管理水平必然会有新的提高。对于关于教育产业化问题的讨论，以及当前高校财务管理中所存在的某些问题，高校应当对教育产业化的深层次特征有一个全面的了解，并对市场经济和新时期产生的种种新理念进行辩证的接受，从而为今后的教育发展目标和财务管理新思路的形成打下坚实的基础。下面是一些高校在教育产业化中的实例。

第一，要正确融合理财观念和科技知识。在现在的科技发展时代，社会进步的主要动力就是科技知识的发展。一个国家科技进步的快慢，与国内高校建设的好坏有着密切的关系，这其中包括了高校对人才的培养、各种专利成果的产生等。所以，为校内科技知识发展提供坚实物质条件，是未来高校理财的核心。

第二，将理财观念和各种信息资源进行结合。信息技术时代就是科技时代，高等学校的财务管理者应充分运用各种信息，尤其是网上的资讯，并把这些资讯融入自己的理财理念中去，努力为高等学校的发展做出自己的贡献。

第三，将以人为本、"可持续发展"的基本原则贯彻到底。一是，高校内烦琐的财务管理始终离不开人工，正确利用专业技术人才，才可能使财务管理工作效率"更上一层楼"。二是，高校应坚持"可持续发展"，为使高校可以长久地发展下去，为国家的人才培养作出更大贡献，财务管理部门要更加注重对专业人才的培养，这将是今后财务管理的重点工作方向。

第四，提高财务人员的管理意识。高校发展过程中一定会遇到许多困难，因此，财务人员要以自己的专业知识来面对新的问题，并尽快地提出新的解决方法，以便与高校的发展相匹配。特别是在教育产业化背景下，产业化前后高校财务管理模式要发生重大改变，财务管理人员必须做出改变以应对新形势。

第二节　高校财务管理模式的创新

一、高校财务管理模式创新的基本原则

（一）必须坚持"宏观主控，微观适调"的原则

高校在建立财务管理方式的时候，要遵循"宏观控制，微观适调"的原则。因为按照分级管理模式，每个学校单位的管理不是依赖学校财务管理部门的分散自治部门进行的，而是学校宏观调控下的逐级分散的分级部门管理形式。因此，在整个学校的财务活动过程中，宏观管理一直在管理和限制分级管理方面发挥主导作用。由于在分层管理模式中学校的各个单位已经不再是与学校财务管理部门相分离的、分散的、自主的部门，而是一个在学校的宏观控制之下的规范的、分层的部门。所以，在学校财务的整体运作中，一直都是由宏观管理来控制的，其对分层管理发挥着引导和约束的作用。

（二）必须处理好责、权、利的关系

在建立高校财务管理体系时，关键问题是如何正确处理学校中央化和权力下放之间的关系。这时，需将学校综合管理与基层组织的独立性相结合，这样才能在宏观上实现对资金的高效使用，同时要赋予基层一些财权，让他们负起与之相适应的经济管理责任，从而充分发挥基层理财的积极性，实现高校财务的有效管理。

（三）必须与市场经济大环境相适应

随着社会主义市场经济的日益完善，高等教育机构打破了以前的单一收入模式（资金来源于政府或监管部门），筹集资金的渠道越来越多，资金需求数额也

越来越大。所以，在这种新的、不断变化的情况下，高校的财务管理模式也要与之相适应，要将市场理念引入财务管理中，以价值规律和市场为导向，对学校发展中人、财、物各方面的需求和供给进行调整，逐渐与社会主义市场经济的发展相适应。

（四）必须与高校自身的管理体系、发展模式相适应

高校管理最重要的部分是财务管理，因此财务管理模式必须与学校的管理制度相适应，并有助于学校的改革和发展。财务管理模式和方法的选择必须基于学校规模、教学和管理模式、财政资源甚至历史发展等因素进行。实行适合学校发展的财务管理模式最终可以实现支持学校改革发展、提供教学和研究服务的目标，这样可以促进学校不同业务的发展。

二、高校财务管理模式创新的基本思路

（一）建立高校新的管理体制

1. 打破垄断，构建"三足鼎立"的办学体制

首先，要打破高校的垄断状态，建立权力制衡的管理方法；其次，必须给予公立大学与私立大学同等的待遇；最后应根据世界贸易组织的有关规定，修订、健全有关的法规，建立与国外知名高校的合作关系，或扶持国内的知名高校到国外去办学校，并积极开发国内外的教育市场。

2. 规范政府管理行为，提高高校的法人意识

政府应为高等教育的发展营造有利的制度和法律环境，并改善教育市场的竞争规则。高等教育机构的自主教育不仅需要政府放松其地位，还需要增强对高校的企业认同感。因此，高校内部管理的目的是建立一个适应市场经济快速发展的和具有国际竞争力的现代管理体系。高校由政府管制转向市场化经营是大势所趋。

3. 健全和完善高校的自我约束机制

通过建立和完善高校内部的约束机制，可以激发高校内部的自律性，其约束作用远胜于"外部职权"。因此，有必要在高校自我教育的基础上进一步完善自我约束管理体系，使其形成一个自律、自主发展的教育单位，以满足市场经济的要求和社会经济发展的需要。

（二）建立高校新的组织结构模式

1. 在高校的组织架构中，应将直线系统与功能系统相结合。

高校是一个统一的线性和功能系统的双重结合的整体，针对这个特点，采用线性和功能性的组织结构无疑是最好的选择。直线系统与功能系统的组合并未使直线系统的权力被弱化，也没有使功能系统的功能被限制，两者在高校管理中所起到的功能是不同的。

2. 在大学的组织架构中，应注重集中与分散相结合

一般而言，在一所高校中，校长拥有全局性、战略性和长期性事件的决定权，同时，各个学院都要在一定的权限下，对其所管辖范围内的教学和经费使用等事务进行管理。尤其是在信息化时代，上下级之间的信息获取近乎同步，但是上下级之间所关心的问题却有很大的差异，上级能够从整体上做出决定，而下级则需要根据上级的决定来执行工作。因此，如何将集中与分散的两种权力有效地融合在一起，就成为高校在进行组织架构设计时必须要考虑的重要因素。

三、高校财务管理模式创新的内容

（一）高等教育体制的改革影响高校财务管理模式

《中共中央关于教育体制改革的决定》中提出："必须从教育体制入手，有系统地进行改革。改革管理体制，在加强宏观管理的同时，坚决实行简政放权，扩大学校的办学自主权。"[①] 中国高校在20世纪90年代中后期，根据《中国教育改革和发展纲要》，以"共建""调整""合并""合作"为基本方针，对高校的办学体制进行了一次深刻的变革。总的来说，这一系列的改革，让高校的办学自主权逐渐得到了扩展。为在高校内部实行校院两级管理，提高学院办学的积极性，以及高校在财务管理方式的选择上，有了更多的灵活性。

（二）财政拨款体制和支付方式影响高校财务管理模式

在我国，国家财政对高校投入的比例为50%—70%，所以，国家投入的方式对高校的财务管理有很大的影响。比如，因为近年来的部门预算改革和国库集中

---

① 中共中央文献研究室编. 十二大以来重要文献选编[M]. 北京：人民出版社，1986.

支付的改革，部属学校和部分地方学校在拨款收入中的专项拨款比一般的经费拨款要高得多。因为专项拨款是专款专用的，加之国库集中支付，所以大学对这部分资金的掌控力很弱，这就造成了高校不能对其所有收入进行自由调控。因此，当前的大学主要是由政府资助，而大学的财务管理制度，将会非常直接地影响到大学的财务模式。

（三）经费来源多元化影响高校财务管理模式

在我国，教育产业的发展和教育改革的深化，促使高校的其他资金来源，如营业收入和捐助，也在逐渐增加。受到资金来源的多样化的影响，高校财务管理的对象已经从简单的预算收支流动管理转向对学校资金、资产和资本的综合核算，同时也对教育投资的绩效和投资回报率给予了更多的关注。新形势下，高等学校的财务管理功能向产、学、研三个方面延伸，这对会计的工作与绩效考核制度提出了更高的要求。

（四）教育规模的扩大影响高等财务管理模式

从1999年起，国家针对高校进行了大规模的招生，以适应社会发展的要求。在扩招开始的时候，学校要想得到更好的发展的话，就必须要把学校的资源都集中起来去做一些事情。为此，高校要实行"中央化"的财务管理方式，才能更好地发挥经费的作用。近年来，随着我国高等教育规模的扩大，我国高等教育面临着越来越多的财政困难，如银行的还贷压力剧增、办学资金紧张等，已经严重制约了我国高等教育的发展。目前，我国高等院校在办学过程中存在的体制不健全、权利义务不明确等问题，严重制约了高等院校的发展。面对这种情况，高校管理必须变"粗放型"为"精细化"，以节省经费，提高经费利用效率。目前，我国部分高校在办学体制上进行了一些改革，也取得了一些成绩。

第四章　高校各项财务管理创新实践

本章从四个方面介绍了高校各项财务管理创新实践，分别是高校成本管理的创新实践、高校资产管理的创新实践、高校会计人才管理的创新实践、高校预算管理的创新实践。

第一节　高校成本管理的创新实践

一、高校成本管理概述

（一）高等学校的社会定位

高校是非营利组织。从当前的情况来看，各种类型的组织大概可以分为两种类型：一类是非营利的组织，另一类是营利的组织。营利组织主要就是为了营利，最终目的就是在最大程度上取得收益，获得回报。非营利组织则不为了营利，它可以再下分成广义、狭义两方面的非营利组织：广义的非营利组织包含除企业组织外所有的社会组织；狭义的非营利组织则除去了政府部门。从美国会计学会、美国财务会议准则委员会及其他国家会计学术组织和行业协会的研究出发，结合中国的实际情况，把非营利组织的特点概括为以下五点。

第一点，它可以提供一种公益性的公共产品或者准公共产品，并且这种行为具备整体性。这里的整体性可以是某个社团、某个行政区域甚至是全体的国民。

第二点，它与营利组织最大的不同之处就是它能够提供非营利性的产品或服务。营利组织提供产品及服务的最终目的是获取收益，而非营利组织的非营利特点决定了它一直为全社会整体性利益负责的态度，所以它向社会传送服务或产品时，基本不收费，或者只是收取低于成本的费用，它们并不将重点放在收益上。

第三点，非营利组织运转期间需要的资金全部或部分来自于政府的预算拨款或接受捐赠等，所以它不受经营成本的制约，不以营利为目的，也不会像营利组织一样抽取经济利益。

第四点，管理非营利组织的人员承担着受托经济责任，也会在资金使用方面被束缚。因为非营利组织资金中的很大部分都是从政府或者捐赠人处获得的，所以组织管理人员相应地承担了资金有效使用的受托经济责任，要详细地记录资金的获取、使用、处置及其产生的效果等内容，以便于资金委托人考核以及评价其履行经济责任的情况。

第五点，非营利组织的财务报告不提供财务业绩信息。因为非营利组织会计的主要工作是确认、计量、记录以及报告财务的收支活动及其受托责任的履行情况，所以对非营利组织而言，其财务资源并不是由出资人以投资的方式投入的，自然也没有所有者权益要素。此外，出资人不会对非营利组织提出经济回报的要求，其会计要素中也就不会出现利润要素。这样一来，它在对外出示财务报告时，重点则会落在财务状况和出资人资金的收入、支出和结余情况上，不会报告自己的经营状况以及财务成果。

通过以上针对非营利组织特点的详细论述，再综合高校的产品属性、产品消费特征和高校提供的教育服务的准公共产品的特征，可以把中国高校定位成非营利组织，这与当前世界各国对高校的社会定位是一致的。

（二）高等学校教育成本核算的对象

成本核算对象就是计算产品成本时，对产品制造过程中产生的各项生产费用所应归集、分配到的具体的承担客体。对企业来说，它产生的各种资源耗费都围绕着一定的产品进行，所以它的成本核算对象就是它产生资源耗费所指向的那种产品。对高等学校来说，它产生的各项资源耗费都与其所提供的各类教育服务相关，所以它的成本核算对象就应该是教育产品。

教育产品就是教育部门和教育单位提供的产品，这种产品也被称作教育服务。教育服务就是符合教育成本核算对象的教育产品的内涵。依据定义，可以把教育成本核算对象界定为高校给学生提供的不同层次、不同专业的教育服务。

（三）高等学校教育成本核算项目的确认

计入教育成本支出的经费成本可以划分为人员经费成本、公用经费成本、资本性成本、对个人和家庭的补助成本和其他成本这5个项目类型，这是一种较为合适的高等学校教育成本项目分类方法。

1. 人员经费成本

高校为在职人员支付的工资性支出，包括各种工资性费用，如基本工资、补助工资、其他工资、职工福利费等，这些都是人员经费成本的组成内容。

2. 公用经费成本

高校为提供教育服务产生的办公费、差旅费、水电费、取暖费、通讯费、交通费、会议费、培训费、资料讲义费、教材编审费、业务资料印刷费、实习费、毕业设计费、招生费、体育用品购置费及教学实验用的实验材料费等，都属于高校日常运行与管理方面的公用经费成本。

3. 资本性成本

资本性成本就是固定资产的折旧费，根据现行的《高等学校会计制度》，高校对固定资产都不计提折旧，且现有的账簿记录只能反映出在用的固定资产的原值，无法反映出现值。财政部又明确提出了对高等学校固定资产计提折旧的要求，这其中包含了对正确核算教育成本的考虑；由于教学用固定资产耗费的价值是高等学校教育成本的重要项目，为了把固定资产耗费合理地计入当期教育成本，就要对在用的固定资产重新评估，确定其现值和折旧年限，计算出当期应计提的折旧费。

4. 对个人和家庭的补助成本

就是高等学校向个人发放的包括抚恤金、生活补助、医疗费、住房补贴、助学金和其他补助支出在内的各项补贴。

5. 其他成本

除了上述各项成本以外的其他与提供教育服务有关的支出。

二、高校成本核算中作业成本法的应用研究

（一）作业成本法

1. 作业成本法概述

作业成本法的运转原理就是把产品生产或提供劳务消耗的资源成本按消耗资源的作业累积，再根据受益原则依据成本动因把作业成本追溯到产品或劳务上。采用作业成本法可以让成本计算更加真实、准确，也对作业管理和资源使用效率的评价更加有利。

制造费用分配放到传统的成本计算过程里就是采取以业务量为基础的成本分配方式来进行的，按照一个或少数几个的分配基础来分配制造费用，常用的分配基础有直接人工工时、直接人工成本、机器加工工时等。这种传统分配方法在传统的生产环境中是比较合适的，这是因为传统生产工艺流程较为简单，间接制造费用所占的比重不大；市场对产品的个性要求不明显，产品结构相似，产品品种较为单一，差别较小；采用单一的分配基础或少数几个分配基础不会使成本计算结果产生太大的误差，这样，成本计算提供的信息就能够满足决策和控制的要求。然而，在高科技广泛应用于生产过程复杂化、市场需求多样化的环境下，采用传统的成本分配方法就可能对成本的计算结果造成误差，如生产过程自动化控制逐渐普及，那么为了与其相适应，管理方面则采取需求拉动生产以及全面质量控制等成本分配方法，这体现了新的经营和制造环境要求改进传统的成本计算方法以满足管理对成本信息的要求。

随着经济发展和人们物质文化生活水平的提高，市场需求呈现出多样化、个性化、时尚化的发展态势，从而导致制造业产品生产的多样化、个性化和不断追求新款式的竞争趋势。产品生产的多样化和个性化，使不同产品要求的工艺过程不一样，操作程序也不同，那么在作业链中流动的路径就不一样。产品生产对不同作业的需用量不同，采用统一的成本分配基础就不能客观反映不同作业成本与不同产品的关系。

高新技术和计算机在生产过程的广泛应用，使得生产过程的自动化程度不断提高、机器设备的通用性和灵活性更富有弹性，如企业采用电脑辅助设计、电脑辅助制造和电脑整合制造等新技术能够在较短时间内生产出数量少、品种多、质

量高的产品。原来的许多直接制造费用，尤其是直接人工成本大幅减少，间接制造费用在全部成本中的比重获得极大的提高，这种制造费用分配方法的选择变化很大程度上会对产品成本的计算产生影响。

2. 作业成本法的基本程序

作业成本法不是对成本计算程序的重新设计，而是间接对成本归集和分配方式的改变，将过去的以成本为中心分配成本转为以作业为中心的成本积累以及分配。传统的成本计算法把制造费用的分配分成两个步骤，第一步是制造费用以生产部门归集，第二步是把各生产部门的制造费用分配于产品。而作业成本的分配思路是：产品生产会耗费作业，而作业活动又会耗费资源。因此，资源成本构成作业成本，再将作业成本应分配于产品。

使用作业成本法区分生产过程中不同服务的作业（活动），并分析作业与成本发生间的关系，根据作业建立同质成本库归集同质成本，然后确认同质成本库中的成本动因，再依据成本动因分配同质成本库中的作业成本。这一方法改变了传统成本计算法按单一或少数几个成本分配基础分配成本的方法。

（二）作业成本法在高校成本核算中应用的可行性分析

成本的本质不仅是为达到一定目标而付出的代价，而且是为保证达到一定目标而进行的投入，是资源配置得以优化的依据，高等教育成本也是如此。因此，在核算高等教育成本时，需完善高等教育成本补偿机制，这是制定教育资源分配政策、补偿并合理分担教育成本、进行教育投资绩效考核的依据。

作业成本法产生于制造企业，但该方法从理论上同样适用于教育服务行业。作业成本法的优点是可以精确地计算成本，这种独特的成本核算程序为提高资源配置、克服传统方法的不足提供了理论支持。

如今的高校教育成本核算还存在很多弊端，主要表现为核算结果跟高校各个成本分担对象实际分摊到的资源数量之间无法对应起来。而作业成本法可以给高校提供准确的财务信息，也可以很好地辅助信息使用者进行决策。它自身的特性在高校教育成本核算这一领域体现出了很大的优越性。

1. 新《高校财务制度》要求高校实行内部成本费用管理

为了使各高校的财务管理与此相适应，财政部和教育部重新修订了《高等学校财务制度》，并于2013年1月1日起正式实施。制度要求，高校要依据自身事业发展的需要对内部成本费用进行管理，逐步地细化成本核算，核算工作应该包括对学校、院系以及专业的教育总成本与生均成本的核算。高等学校应该在支出管理的基础上，把效益和本年会计年度相关的支出都计入当期费用中，按照固定资产折扣、无形资产摊销等方式，把效益和两个或两个以上的会计年度相关支出分期地计入费用中。高等学校要加强成本核算，归集、分配、计算业务活动过程中产生的各种费用，再根据现实需要，逐步地细化成本核算。

高等学校的多个作业都具备职能明显的特点，其中教育活动具备明显的重复性以及周期性。各高校的教育成本主要来源于教学、科研、行政管理、后勤服务等部分，这些工作可以使用作业成本法来替代现有的估计教育成本的核算方法。

除此之外，我国高校新的会计制度把高校支出分成教育事业、科研事业、行政管理、后勤保障、离退休支出等部分，这为高校细化成本核算打好了稳定的工作基础。

2. 高校间接费用比重大，直接费用少

高校的教育成本中很大一部分是间接成本，它的种类繁多，很难进行辨识。比如人员经费、固定设施、公务费以及业务费都属于不同的成本核算对象，如果采用传统成本核算法，以实际在校人数作为分配标准，会导致产品成本分配出现本质性差异。在这种情况下，多标准、因果关系明显的作业成本法更具有应用价值，况且高校教师人工成本大，一般来说，高校教育成本的间接费用要占到实际费用的 50—70%。

3. 多元化的成本核算对象

我国高校的教育活动具有明显的重复性和周期性，同时又具有层次多、专业多的特点。从"学生"角度，可以分为本科、硕士、博士、学历教育、学位教育等；从"教育服务"看，各类课程有选修课、必修课、实验课、毕业设计、论文等，这就决定了教育成本核算对象的多元化。作业成本法为高校进行不同专业、不同层次、不同课程教育成本核算提供科学依据，在因果关系上使资源耗费与产品成本之间的联系更加紧密，使成本数据更为精确。

由此可见，高校教育成本核算特点与作业成本法的适用范围相吻合。另外，高校财务人员素质较高，会计电算化水平高，会计核算系统的应用比较熟练，可以满足采用作业成本法的外部条件需要。

第二节　高校资产管理的创新实践

一、当前高校资产管理存在的问题

（一）资金闲置多，成本高，缺乏健全的风险管理机制

当前，虽然我国高校资金来源渠道少，资金量小，但为及时归还迫在眉睫的大额债务和利息，经常储备大量的资金，导致资金闲置多，成本高。

在当前的高校资产筹集方面，主要依赖于政府财政支持，缺少其他来源，同时国家给予的财政支持不足，但招生数量日渐上升，这就造成了高校没有足够的资金对住宿条件和教室等教学条件进行优化，难以满足当前学生生活和学习的需要。因而，多数高校纷纷通过银行等金融机构、租赁公司以及社会个人来获取各种债务资金，以投入到校内的基础设施优化当中，这也就导致很多高校出现了越发严重的债务问题，甚至部分高校资产负债率超出 80%，不仅债务本金高，债务利息也造成很大负担，债务压力严重。此外，因为高校需对近期债务进行还款（多数高校都是通过新借款还旧借款），而新借款需要一定的时间和手续才能够到账，所以高校一般会预备资金以便应付临时问题，有些高校月末的存留资金至少为 5 000 万元。这样的情况导致高校资产中不仅有较多的闲置资金难以被充分利用，还必须承担高额利息。这背后有着复杂的原因，其一是高校面临着急需满足扩招学生生活、学习需求的问题，只能贷款才有资金进行种种设施的更新、扩建；其二是很多高校认为自己作为事业单位，且有着教育科研的神圣使命，不管债务负担如何，必须要保持资金周转链条（一旦断裂，就会导致高校信用受到大影响，无法借款，阻碍高校发展）；其三是因为多数高校没有经济活动风险定期评估管理机制、没有完善的债务内部管理制度，没有对项目进行有效的评估，资产风险意识不足，风险管理机制缺乏。

（二）往来款项多，期限长，缺乏成型的清理催缴机制

高校资产中有较多的往来款项，每年都会积累较大的金额，但这些款项往往长时间得不到处理，尽管在年终结算中都会清理结算，尤其对于职工借款，会进

行催款通知，然而没有有效的款项清理机制，也没有强有力的管理机制，即使下发通知，也少有人还款，多数款项都是长期挂账；这些难以收回的款项一般未能及时找出原因和责任人，未能依据规定报销，最终造成了高校资金被占用，也就难以发挥理想作用。

（三）税务管理乱，垫款多，缺乏应有的纳税筹划机制

如今各种教培、辅导机构层出不穷，教育行业形势复杂，竞争也在激化，高校要适应社会，就要面向市场、走向市场，化挑战为机遇。因而，很多高校发挥自身优势，向社会提供多种服务，如强化科研课题申报；开展多领域的短期培训；强化培训质量，提高收费标准；出租周边房屋、教学场地等，这对于高校资产管理及未来发展而言都是有利的。但是上述业务都需要收取款项，高校为了应对财政非税票据检查，会开具对应的税务发票，进而形成多种税费（包括增值税、营业税、城建税、教育费附加、企业所得税、印花税等）。当前高校的财务运行和管理机制分别为"统一领导，分级（分类）管理，集中核算""重心下移，责权下放，绩效考评"，因而高校会对这些税费进行统一垫付，之后高校财务部门会对责任部门进行通知要求归还相应税费。

与此同时，高校在寒暑假之前不仅要发放正常工资，还会对课时津贴、加班补贴、劳务费、学期奖励、超课时奖励等进行发放。所以这两个月份教职工的薪资补贴总额较大，相应地，需要缴纳更多的个税。这就导致了3个情况：首先，在对税费进行统一垫付之后，因为没有完善的垫付款催缴机制和严格的管理机制，所以税费款项对应的部门未及时处理垫付问题，甚至彻底忘记，以致于高校垫付资金过多对正常的资金管理造成负面影响；其次，寒暑假之前，也就是学期末、年末涉及月份发放的各种工资外的补贴、奖励等，无法在其他月份分散发放，都集中到一个月，因而教职工的个税难以降低；最后，对于对外培训、场地租借等业务，高校获得了不少资金款项，但是这些款项需缴纳何种税费，开具何种发票，并没有形成健全的处理措施。由上述内容可见，当前多数高校都没有建立完整的税务管理机制和纳税筹划机制。

（四）重复购置多，管理差，缺乏健全的批购用保机制

随着不断扩大招生规模，高校的学生数量、占地面积、资产规模也在飞速扩大，高校资产总额普遍较高，少则数亿元，多则百亿元，最多可达千亿以上。但是，即使拥有这么庞大的资产，很多高校仍旧缺乏资金，其原因在于广泛存在的重复购置、使用随意、管理混乱、使用效益低下、资产流失严重等现象。

1. 固定资产审批、采购、验收不规范

当前高校财务实行的是"财权下放，自主支配"管理体制和运行机制，各部门在财务方面自主性较高，表现为可以行使预算执行权和支配权，往往依照部门和个人需求进行固定资产采购。尽管有一定的审批程序，但这些程序有很大的随意性和滞后性，因此采购项目没有得到合理论证，对于固定资产没有做到优化配置，很多采购不符合"必须、节约、有效、统调"的原则。并且各部门都有单独的办公室、会议室、实验室，这些同类场所数量多，所配置的固定资产基本一致，因而造成了固定资产重复购置和严重闲置的问题。

此外，高校对于部门的采购项目未制定统一的采购标准，缺乏统一的固定供货商，各部门的采购是独立的，都是自行选择供货商，所以每个部门采购的价格和质量不一，或者部分高校进行了统一安排，但是没有把控好招标质量，导致选择的供货商不合格，所采购的固定资产在价格和质量方面不佳。高校除了前一部分的采购环节有问题之外，后一部分的验收环节也存在问题，不仅缺乏严格验收手续，验收人员也没有亲自验收，而是交托给经办人，只根据发票、合同，在验收证明上签字盖章。可见高校从采购到验收资产的规范性都较差。

2. 固定资产日常管理不规范

在高校规模化发展之下，职能部门数量增加，相应的固定资产数量也在增加，但是很多部门没有充分意识到固定资产管理的作用和重要性，也没有固定独立的资产管理人员，而是由兼职工兼任。这些兼职人员往往没有系统学习过相关的专业知识，也没有管理经验，在固定资产的管理中，缺乏科学的管理办法，没有规范化的使用、租借、维修、交接管理程序，并且部门没有形成管理约束机制和损坏赔偿追究机制。管理工作中缺乏合理的明细账、卡片账等价值管理，也缺乏定期清点等实物管理，更缺乏集中管理和统一调配。那么上述情况就会造成各部门固定资产的混乱管理和随意使用等问题。例如，部分高校中存在着个别部门利用高校配备的会议室和其他固定资产的自主管理权利，将其进行对外租借，供其他组织机构或者个人进行培训和讲座等，从而获取租借利益。由于高校没有统一有效的资产集中管控机制和监督机制,这些资金就被部门截留,成为部门自己的,甚至某个管理者的私用资金。

除此之外,高校尽管设有资产管理部门,但是由于没有制定出行之有效的约束机制和激励机制,使这些部门的工作浮于表面、流于形式,只进行简单的审批和记录;对于采购项目不关注价格,对于验收环节不检验实物,对于使用申请不管使用者、用处和使用时间;在盘点时找不到固定资产。很多损坏、过时的设备以及丢失的设备都长时间挂在账上,未对其及时清理报废,进而造成了固定资产没有得到充分使用、没有得到合理维护等问题。

3. 固定资产出租、出借、报废不规范

高校资产管理部门的工作难以深入、难以落实,尽管有一定的管理办法和实施细则,却没有完善的调配机制和严格的管控机制,并且由于教研活动所具有的特殊性,就出现了一些使用频繁、流动频繁、价格高的设备成为个人"专属",被其长时间私用(例如电脑、投影等等);部分部门在没有批准、手续的情况下,随意、私自将场地、固定资产等对外租借,这些场地和资产损耗后的维修保养资金来源于学校预算资金,但是对外租借获得的资金却不被交付给学校,而是被部分管理者想方设法地占取,或者是充当该部门的共用资金来支付节假日的礼品、部门活动、招待费、加班费等等,只有在高校严格检查的时候才会将获得的资金上缴由财务核算管理。与此同时,高校财务管理没有形成严格的、健全的定期清点和追踪记录等机制,加之其他管理问题,都导致固定资产的报废处置缺乏规范性,存在较多的问题,例如有严重故障的设备不报废,将已经停用的废旧设备长时间挂在账面上;该核销的不核销,已经转让、丢失、拆除的设备等虽然不见踪影但仍在挂账;仍然能够正常使用的设备却被报废,被个别人变相出售,导致学校资产出现严重损失。

(五)对外投资少,效益差,缺乏科学的决策管理机制

面对不断变化的市场环境,为了推进科技转化,增加自身知名度、影响力、号召力,各大高校纷纷加强教学科研,发挥其特殊优势,同时在市场中投入更多的资金和先进科技等,进行校办企业、公司的开设,然而由于资金限制,高校只能进行小范围、小金额的投资。虽然这些投资金额不算大,但是因为没有充分的

投资风险理念、防范措施及市场经验,同时不重视投资项目的可行性评估,授权审批制度、风险控制制度、投资管理制度、会计控制制度和责任追究制度等各项制度仍需要完善,高校的投资往往具有较强的随意性、无序性,多数为无效投资、盲目投资,难以收获理想效益,甚至完全没有效益。

二、高校固定资产管理绩效评价指标体系研究

(一)评价指标的选取原则

构建高校固定资产管理绩效的评价指标体系,最重要的就是科学合理地设置评价指标。需要立足于绩效评价的问题视角,对研究对象的特点、指标体系的建设方法和过程进行综合分析。对于评价指标的选取原则,应当明确为以下三点。

1. 系统性原则

对于固定资产管理绩效进行评价,关系到学校资产的现有条件、协同配置、使用绩效、外部影响等多个方面,所以要对这些方面的影响进行全方位的分析,多角度、多层面地对多种评价指标进行选配,采取定性与定量结合的分析方法,对绩效的整体水平进行合理的考量。

2. 客观性原则

应当以科学合理的流程,对符合现实和适应实际的指标进行选取,针对高校固定资产管理中真实的管理体制、机制,以及协同配置状况,保证评价指标能够对管理绩效的水平进行客观、可靠、准确地反映。

3. 全面性和科学性原则

在高校固定资产管理选取绩效评价指标的时候,应当以对问题的本质和内涵研究为基础,同时采取全面和科学的分析维度,综合借鉴各学者的观点和理论,在专家的指导下,提升评价管理绩效指标体系的全面性和科学性,避免主观因素和不确定因素的干扰。

(二)评价指标体系的初步构建

查阅各相关文献和进行专家调查之后,在高校固定资产管理客观现实的基础上,对相关学者的研究进行学习吸收,将评估过程的理论基础和科学内涵找出并明确,将高校固定资产管理绩效分为资产保障能力、管理水平、安全能力、运行

效益、外部影响评分 5 个方面进行评估指标体系的初步构建。结合文献和调查可知，进行这一初步构建工作，首先要分析和研究管理绩效评价指标，再借助科学途径使得评价指标的运行效能得以强化，进而为构建科学合理的指标体系提供有力保障。

1. 资产保障能力

资产保障能力（U1），其相关指标基本上可以分为 3 个方面，分别是资产运营规模、资产优化结构和资产使用质量。

其中资产运营规模涉及资产的保值性，以及其效益辐射范围，能够对资产流失进行有效避免；资产优化结构关系到资产是否得到了科学合理的配置，是否能够在教育事业方面发挥出资产的物质支撑作用；资产使用质量主要是受到固定资产的使用率和更新率的影响，对于教育事业方面能够发挥固定资产的协同配置作用。

2. 资产管理水平

资产管理水平（U2）指标主要包括管理团队、管理制度和管理水平 3 个衡量指标，能够对高校固定资产的管理能力进行客观反映。

其中对于固定资产管理而言，管理团队是实施主体，这一主体对管理绩效和管理效果的影响主要是通过其机构设置、管理者的观念和管理水平来发挥作用的；对于固定资产管理实施载体而言，构建完善的管理制度能够推动人、财、物在管理中的合理配置与协同共享，能够对管理人员有所约束和激励，对于固定资产管理中强化管理能力而言是内驱力和重要的外在保障；管理水平的高低和管理信息系统的建设情况有着一定的关联，具体表现为科学合理的信息系统能够推动信息资源在管理过程中实现合理流动，以此推进固定资产信息公开，构建好直观的、准确的固定资产管理信息体系，能够很大程度上强化管理水平。

3. 资产安全能力

资产安全能力（U3）指标主要包括资金的预算来源、资金的投入使用及资金的使用效果 3 个方面。

资金的预算来源、资金的投入使用、资金的使用效果是资产安全能力的主要表现，能够反映出资产安全水平。在高校的固定资产管理中不能没有资产安全能力这一重要指标。其中，通过资金的预算来源，能够对固定资产是否科学、规范运行得出部分结论,预算制度越是健全和严格,越能够避免固定资产的流失和闲置,对于教育事业而言,能够发挥固定资产合理使用与配置的优势作用,推进高校长远发展;资金的投入使用也影响着资产的安全水平,如果不能合理使用资金,并且随意挪用,将会对高校发展形成阻碍;资金的使用效果对于资产安全而言是重要核心,同样是其重要保障。

4. 资产运行效益

资产的运行效益(U4)指标主要包括科研成就、人才培养两个衡量指标,是能够对资产运行效益进行的客观反映。两者都是固定资产运行是直接结果,其中科研成就能够对应用型大学的建设水平进行一定的反映,也是高校科技成果转化中的重要途径,高校科研成果能够推进知识型社会建设,促进创新驱动发展战略的实施;人才培养是高校的主要职能,其质量直接反映着高校固定资产的运行效益;也是教育成果转化的主要体现;更是高校教育的根本与核心所在。

5. 外部影响评分

外部影响评分(U5)指标主要包括外部认同度、学术交流度两个衡量指标,这个指标能够对高校固定资产的外部影响评价水平进行客观反应。两者不仅是固定资产管理的重要评价指标,同时也是高校的一种无形资产,对于其潜在竞争力有着重要的影响。

(三)高校固定资产管理绩效的指标筛选和修正

高校固定资产管理绩效评价的指标体系,在指标的选取基本上根据的是德尔菲法,选取的步骤主要为:明确专家、制定调查问卷、选择和修改指标、发放问卷、咨询专家、统计分析结果、修正指标7个方面。依照这一步骤,系统地选取和修改评价指标,能够构建出相对科学、合理、健全的评价指标体系。

1. 选择专家

在高校固定资产管理绩效指标体系建设中,要明晰科学合理的指标,基于德尔菲法,第一个步骤就是邀请相关领域的专家,获得专家学者的指导和建议。对于邀请专家这一步骤,必须坚持科学合理的原则,专家应当来自高校财务处、国资处,或者是来自高校管理学院、财政厅,然后在专家的指导下进行固定资产管理绩效评价指标体系的建立和优化。

2. 调查问卷设计

根据高校固定资产管理的实际制度，以及在专家指导下形成的指标体系构想，对调查问卷进行设计，将其分为资产保障能力、资产管理水平、资产安全能力、资产运行效益、外部影响评分 5 大部分。

3. 指标筛选和修正

在调查问卷设计中，要谨慎筛选各个指标，并结合实际进行修正。其中较难确定的是资产运行效益方面的指标，尽管其一般主要包括科研成就和人才培养两个部分，但是这两者的权重确实难以准确科学地衡量，对此应当着重听取专家指导。

4. 问卷发放

问卷的发放对象主要是专家，在发放时，需要对其用途和填写的注意要点进行详细叙述。在问卷结果中存在较大争议的部分，要设计成问卷再次发放。

5. 专家咨询

向专家咨询评价指标相关问题，尤其是要严谨、合理地修正二级指标，以及慎重明确指标的权重。对于高校固定资产管理人员的不同意见的问题，要及时反馈给专家，根据各位专家的意见进行综合分析，多次修改、调整指标体系。

6. 结果统计分析

对于所有的问卷作出全面的最终整理，在结果统计分析中借助 SPSS 软件分析，最终明确评价指标。

（四）高校固定资产管理绩效评价方法的选择

1. 评价方法介绍

在关于固定资产管理绩效评价的研究领域中，多数学者更加重视以多指标对于复杂事务进行量化衡量和综合对比。高校为了构建科学、合理、高效的固定资产管理绩效指标体系，就应当采取综合评价方法、选取合适的工具和技术方法，对绩效评估进行测量和量化。针对高校固定资产管理绩效评估而言，比较恰当的评价方法主要有以下五种。

（1）适用于整体比较的灰色关联度法

灰色关联度法是较为常用的评估的方法，在整体对比方面有着明显的优势，能够对事物变化过程中对影响因素的相对情况进行研究，这一方法能够对研究对象的变化速度和方向等进行直观反映。通过具有较高的比较小相关度和一致性的变化过程，能够很快地对和研究对象关联性较强的影响因素作出判定，并且这种关联度的大小能够对研究对象间的紧密度形成客观反馈。

（2）基于累积方差贡献率的因子分析法

这一方法指的是在对研究变量的公因子进行提取的过程中，将其中变量贡献度较高的展开同组抽取，不同组的累积方差贡献率有明显差异性。一般来说，累积方差贡献率较高的公因子能够对变量的变异程度进行更好地解释。所以，公因子的个数和累积方差贡献率可以对变量之间的相关性进行反映。这一方法能够对指标的有效性，以及指标的权重进行客观反映。

（3）降维处理实现主成分分析

测量变量时，要把原始变量变成不相关的新变量，然后借助方差将转化后的变量降维，这样能够获得合适的价值函数，以便对评价指标进行较好地分析。

（4）用于系统评估的 AHP 法

层次分析是按照不同等级的评估目标对权重进行明确和辅助的过程，能够借助主机运算获取整体评价结果，根据分数对评估对象的优劣进行评价。

（5）模糊综合评分法

这一方法是将德尔菲技术法当作基础，对指标的权重集进行构建，然后借助隶属度生成评价矩阵，以获取累积分值，然后逐级运算生成评价结果。

2. 评价方法的确定

对高校固定资产管理的绩效进行评估是十分繁琐的，其中涉及跨层次的群体性决策。所以，对于绩效评价体系的构建必须要坚持客观公正的原则，同时构建科学化的评价模型，将管理间的绩效差异直观地反映出来。对上述评价方法进行了解和分析，掌握各个方法的优缺点和适用范围，结合研究的实际情况和高校固定资产的实际情况，找出管理中存在的信息不对称、主观因素较多等特点。这是十分典型的模糊多属性决策问题，所以属于模糊数学的范畴。然后从模糊数学的角度出发，借鉴各个学者的研究成果，将评价方法确定为模糊综合评价的方法，从而对管理绩效进行评价。

由于研究对象的自身属性和特殊性，很难借助具体的量化指标对高校固定资产管理绩效评价作出客观分析，而是需要在模糊数学领域寻求方法，借助基于德尔菲法的模糊综合评价方法来运算，才能够获得相对科学的评价方法，从而高效、合理地对评价指标体系开展研究，对资产管理的效益和水平进行合理衡量。

三、强化高校资产管理的基本策略

大多数高校的资产总额已经过亿，这样庞大的资产能够发挥出巨大的效能，而其运行水平和效能能够充分发挥主要是由高校的资产管理、维护、保养体系的实际情况所决定的。所以，高校必须要落实资产管理策略，积极开展资产管理、使用和维护工作，重点对重复购置、使用随意、管理混乱、资产流失严重等问题进行妥善处理，释放资产活力，将其作用最大化。资产管理中最重要的内容就是实现资产的保值增值。

（一）拓宽资金渠道，降低资金成本，建立健全风险管理机制

如今，国家给予高校的财政支持较少，学生交付的学费和住宿费较低，高校资金中多数来源于债务，因此承担着极大的债务压力。在这样的严峻形势之下，为了满足教学和科研的需要，必须要消除以往"债多不愁，国家处理"的想法，积极制定和实行有效的措施，开辟更多的资金渠道。

第一，必须要加强资金管理，对不相容岗位分离制度进行严格的执行，强化对账制度、稽核制度的落实力度。定期对库存现金进行清理盘点，对银行账目进行核对，坚决禁止"坐支现金"和"白条抵库"的现象；将"收支两条线"的规定落实到实际管理的方方面面，坚持库存现金限额管理；坚持落实《现金管理暂行条例》，依照其中对于现金使用范围的规定来进行现金使用，降低资金管理安全隐患。

第二，积极争取国家政策支持，积极联系财政部门、教育主管部门和发展改革委员会等部门，通过良好的沟通，扩大办学自主权，争取更多的财政支持，实现财政拨款稳定增加。

第三，大力开展学费住宿费清理催缴工作，安排足够的工作人员，采取信息化技术，将全校的学生缴费台账系统建立并健全，保证信息的准确性（包括学生姓名、性别、所在学院班级、学费标准、住宿费标准、缴费金额及缴费收据号码、生源地贷款、减免学费、欠费金额等详细信息），积极和教务处、学生处、各院

系进行沟通与合作，尝试将缴费与选课、选课成绩等相关联（也就是在选课系统中对未缴费的学生的账号选课权限进行限制，未缴费则不能选课，没有成绩，促使其尽快缴费，对于家庭经济条件存在困难的学生，要求其提供有效证明并提出减免、缓缴申请，批准后恢复其选课权限），对于学费、住宿费做到应收尽收，避免拖欠情况，严格开展"收支两条线"管理，实现财政专户的及时足额上缴，积极主动申请财政返拨，促使资金的及时到位，满足教学科研资金需要。

第四，高校应当借助自身的教育资源及强大的社会影响力，积极开展函授、夜大、短期培训、脱产等教育形式，并扩大此类教育的规模；大力进行社会有偿服务，以多种途径（如社会捐赠、赞助、盘活资产、校企合作、校友会、基金会等）开拓资金渠道，获取更多的社会资金，这样做一方面能够提升高校收入，增加办学资金，并一方面能够促进社会教育事业发展，帮助更多的社会人员丰富知识、技能，提升文凭，一举多得。

第五，做好票据管理，依据规定的程序开展票据的领用、发放、开具、收缴、核销等手续，为票据安全提供保证。

第六，提升收费工作的规范化水平，严格开具收费票据，遵循国家要求的收费标准开展收费工作，不巧立名目谋取私利，做到"收支两条线"，对于任何资金绝不随意截留和挪用，做到足额收费和足额上缴。

第七，对于和金融机构的战略合作关系要持续保持和强化，大力争取信贷资金，并且对闲置的学校地产进行合理处置和置换，实现资源合理配置，筹集尽可能多的办学资金，尽最大努力减少债务、降低利息负担、减少债务本金，推动高校发展提质增效。

第八，坚持财权与事权相结合的原则，与相关部门之间相互协作，对与目标、责任、绩效挂钩的资源分配机制、风险评估管理和风险预警机制进行建立和完善，不断完善债务内部管理机制，对财务风险进行有效防范。采取可执行的措施、策略，对资金安全管理制度进行完善，形成以内部控制为核心，大额资金流动集体决策和常规资金支付授权审批等为重点的管理模式。采取和开展严格的岗位职责分工，不相容职务分离；对款项风险进行全面分析，明确风险因素，制定风险预防措施和风险处理预案；重点监督、促进措施和方案的执行，定期提交经济活动风险评估书面报告。

（二）定期清理往来款项，降低借款金额，健全往来款项清理催缴机制

当前高校资产管理中存在往来款项多、期限长、年末积累金额大等情况，需着力对款项清理催缴机制和核销机制进行构建和完善，在管控工作中以切实可行的措施、强有力的手段，强化清理催缴力度，尽可能降低往来款项数量，并促进各部门尽快缴费、还款，降低年末款项积压余额，提高资金使用效率。例如，处理教职工借款和垫付时可采取"源头从紧，限期报销或归还，过期扣款"的措施；在相关人员合规报销后，财务处在到期前一周内将刷卡金额归还；而金额较大的固定资产采购项目，则不能使用支票支付、不能提前汇款，必须要在做好验收工作之后才能够支付；此外，还可能存在部分长期没有缴付、无法明确原因、实在不能收回和支付的往来款项，这时要明确责任人，依照规定程序获批后进行核销、转销，减少往来款项余额。

（三）加强税务管理，减少纳税风险，建立健全纳税筹划机制

为了对税务管理乱、教职工个税负担重的情况进行合理解决，就要强化税务管理，构建完善的纳税筹划机制。

第一，不再对各部门的税务发票产生的税费进行统一垫付，而是简化税务部代开发票的机制，将税费交上来再开具发票，针对所有税务发票都要提前在学校财务部门上交足额税费，再开税务发票，从而防止学校统一垫付而忘记收回资金，或者部门拖欠不交等问题。

第二，对国家规定的税务政策进行深入学习和研究，如掌握其征税范围以及减免政策；聘请税务专家对高校收入中不必征税的收入部分、减免税的收入部分、需征税的收入部分进行全方位分析，严格按照税法对账务进行缴税，安排专门的会计对征税、减免税收入与非涉税收入进行单独核算，防止出现"未分别核算的，合并征税；未单独核算的，不得享受减税、免税待遇"的行为。

第三，详细分析与学校收入中需要缴税的收入部分相关的具体税种、税率、涉税环节、应纳税额的计算、缴纳期限和相应的减免税优惠条件，积极采取合法方法符合税收优惠要求，使得可能征税的收入部分成为减免税收入进行核算，尽可能符合减税、免税政策，从而实现降低税负的目的。例如，科研带来的科研题费收入，在得到省级科技厅的确认之后就能够免税，针对这一税收优惠政策，高

校应当积极提高自身科研实力，争取获得省级科技厅的确认。又例如，高校在寒暑假之前的月份会将各种津贴奖励等发放给教职工，这些津贴奖励总额大，一次发放会带来极高的个税负担，高校可以通过以下2种方式进行合理避税。

首先，个税是每月计算缴纳的，所以，这些津贴奖励如果集中在一个月份发放必然会导致高额税负，可以将之平均为多个部分，改为每个月分散发放，从而帮助教职工避免个税阶段性负担高（也就是多数月份税负低，某一两个月份税负极高）的问题；其次，对于全年一次性奖金，可以将寒暑假之前集中发放的种种津贴奖励合并作为一次性奖金，按除以12个月后的商数确定适应的税率和速算扣除数计算缴纳个人所得税，按照年终奖享受税务优惠。

（四）加强资产管理，避免重复购置，健全资产批购管理机制

当前高校中存在着固定资产重复购置、使用随意、管理混乱、流失严重等问题，对此需采取强有力的资产管理措施，对固定资产从审批到处理的全过程的管理机制进行健全，尤其是针对申报、批准、采购、验收、使用、维护、保管、处置这8个关键环节进行严格管控，为资产管理打好基础，将管理措施落到实处、做到细处，强化管理的质量和作用。

1. 规范固定资产审批、采购、验收行为

（1）统一固定资产购置申报、审批程序，严格执行审批手续

高校应当制定具体可行的、规范的固定资产购置申报、审批程序，要求校属各部门在购置固定资产前，特别是购置价值较大的固定资产前（如电脑设备、音响设备、实验室设备等），必须向学校资产管理部门提交购置申请。先由学校资产管理部门在学校现有资产中统一调剂配置；若无法调剂且必须购置的，由申请购置部门组织相关专家会同资产管理部门、财务部门、监察审计部门相关人员从技术性、经济性、实用性、必要性等多方面进行科学充分的可行性论证和效益评估，并提交一份由专家签署意见的固定资产购置可行性论证报告和效益评估报告，同时注明购置资金来源及金额（资金无来源或无预算的一律不得购置）；学校资产管理部门受理申请后，须严格按照"必须、节约、有效"的原则签署审批意见，并报学校分管领导审批（金额特大的，如一次性购置价值在10万元以上的，必须经校领导会签或集体决策），学校领导同意后，由学校资产管理部门汇总统

一安排下一步的购置活动，切实解决当前高校校属各部门购买设备的随意、无序状况。

（2）统一固定资产采购办法，规范采购付款行为

高校需对固定资产政府采购预算与计划管理、政府采购活动管理等内部管理制度进行不断完善，将职权落实到具体岗位上，切实为政府采购需求制定与内部审批、招标文件准备与复核、合同签订与验收、保管等不相容岗位的相互分离提供保证，针对预算编制、政府采购与资产管理部门或岗位构建有效的协作沟通机制，明确统一的购置标准并形成规定，对供货商进行严格审查，确保其有资质、有口碑、有品质、服务优。推进在固定资产购置中实现决策、监督、执行、付款、验收环节的有机结合和有效制约，从而实现对固定资产的合理配置和充分利用，避免闲置浪费和违法乱纪现象。

校属各部门必须根据批准的固定资产购置申请，按规定的标准编制政府采购预算，由学校资产管理部门按照已经批复的固定资产购置申请集中制定政府采购计划，采用公开招标形式，定期、统一、集中招标采购，改变当前由校内各部门自行选择供货单位，价格由各部门与供货单位协商确定的零星、随意的采购行为，增加设备采购的透明度，尽可能以最少的投入获得最大的社会效益及经济效益。

公开招标必须实施归口管理，由学校资产管理部门会同财务部门、审计部门、纪检监察部门统一负责，具体落实公开招标的整个过程。按规定确定中标单位后，由申请部门、资产管理部门和供货单位签订具体的经济合同，明确三方的权利、义务，同时加强合同签订、履行过程的严格监控。其中，部分合同具有极大的影响力，关联到专业性较高的技术和较为复杂的法律关系，在对这类合同进行签订的时候，就应当安排专业的法律、技术、财务、审计等工作人员共同进行谈判，也可以聘请社会专家参与协助。资产管理部门需采取全过程管理模式，对于合同的登记和信息保密等管理加大力度，定期开展统计、分类、归档等工作，对合同的签订、履行、变更和完成等实际情况进行详细登记。对于由于某些特殊原因而不能按时完成的合同内容的情况，需切实遵循国家规定，制定出可行的措施方案等，对补充合同进行签订，或者对合同进行变更、接触，规避纠纷。学校财务部门应当严格按照签订的合同，根据经办人按规定办齐手续的合法票据报销单据按时足额付款，并严格审查审批手续是否完备，票据是否合法，经费是否到位。

（3）统一固定资产验收办法，规范验收程序

高校应当制定统一的固定资产验收办法，严格固定资产验收手续，指定资产管理部门和监察审计部门等专人亲自对所购设备的品种、规格、型号、数量、质量、单价、金额和其他相关内容进行实地验收，详细登记验收固定资产各项指标（品名、规格、型号等），明确保管责任人和资产使用人，落实存放地点，并出具验收报告，以防止有名无实、虚领谎报，随意侵吞学校资产的违法违纪行为。

2.规范固定资产日常保管、使用、维护、维修行为

对于固定资产的管理，高校须采取并优化事前、事中、事后管理相结合的方式和日常监督和专项监督相结合的方式，以及配置、使用、处置相协调和良性循环的具体管理办法，安排单独的管理岗位，对其职权进行细化。尤其需要注意的是，对于保管者和使用者对应的责任、要求进行明确和有力落实，对相关的约束机制、激励机制和损坏赔偿追究机制进行设置和完善，对固定资产从配置到处置过程中的关键环节加大管控力度，促进规范使用。

第一，资产管理部门须依据国家要求，对资产信息管理系统进行完善，利用信息化技术，对固定资产开展统计、报告和分析，全方位地对其管理信息进行实时掌握，对其做到由入口到出口的全过程动态管理，并强化分类、归口和集中管理。突出资产管理部门的责任，认真做好固定资产的使用管理工作，在学校内部实行资源共享，优化配置，统一调度，调剂使用。建立健全固定资产使用目标考核责任制，对学校固定资产实行绩效管理，充分调动学校各部门及相关人员的积极性，全面发挥固定资产最好的功效，最大限度地提高使用效率，避免闲置和浪费，为管好、用好固定资产奠定基础。

第二，对固定资产中保管和使用活动进行严格管控，设置专人进行保管，并且制定规定，要求对全校固定资产进行集中保管（如果实在难以实现，就将教师和会议室等不可移动设备交给管理部门集中保管，其他流动性大的设备，如电脑，交给每个部门集中保管），对使用进行统一安排。在使用时，由使用人填写固定资产使用申请表，列明使用事由、使用限期，报部门负责人审批同意后，由保管人将其所需固定资产移交使用人，并向使用人提出具体的要求，提醒其按期归还，严格遵守固定资产交接制度。在使用过程中，保管人应当对使用人使用固定资产的情况进行监督检查，使用人必须无条件接受保管人的监督检查（涉密的按规定

执行），如果发现问题，就及时提出整改意见和建议，避免固定资产使用中的不当损失和浪费。

最后，加强固定资产的清查盘点和日常维护维修的管理。资产管理部门和资产保管人应当健全固定资产财产清查制度和损坏赔偿责任追究制度，设立专人、专岗负责定期对被占有、使用的固定资产的品种、数量、存放地点、使用人、保管人、使用状态等进行清查盘点（包括基本情况清理、账务清理、财产清查、损益认定、资产核实和完善制度等），做到家底清楚，账、卡、物相符；定期检查固定资产使用状态和检测设备运行状态，并定期进行保养。若需要维护维修，先保证在售后"三包"服务期内由供货方或生产厂家解决；无法在"三包"服务期内解决的，统一由学校资产管理部门安排专人负责解决，维护维修费用统一由学校预算安排的设备维护维修费中列支。

3. 规范固定资产出租、出借、报废处置行为

在固定资产管理中，高校应当采取集中管理办法，进行统筹规划，实现合理配置。在经过调剂使用之后，资产管理部门应当对暂时闲置且能够正常使用的固定资产进行集中保管，以及对其对外租借展开可行性分析，并向主管部门作出申请，获批后对其进行统一的对外租借。同时，要严格按照程序手续办事，对这些固定资产的详细信息（品种、规格、型号、数量、质量、单价、金额等）进行明确登记，做好合同的签订和管理，对租借双方的权利明确落实到合同中；对租借的时间、金额和付款时间、地点、方式等进行明确，之后才可以进行租借。此外，租借产生的收入也要全部交由学校进行统一的核算和管理，产生的支出则由资产管理部门负责，开展"收支两条线"管理，对固定资产的效用实现最大化，实现对其的充分利用。

对于其他闲置或因为老化、故障等原因无法正常使用的固定资产，资产使用部门应当先对其作出处置申请资产管理部门在邀请相关专家对申请作出综合论证，并且形成相应的报废处置意见之后，应当协调上级主管部门，对其进行资产报废、处置等审批手续的统一办理，获批后组织招标活动，或者直接邀请评估机构对这些固定资产开展评估。根据评估价格，以公开、公正、公平的原则，进行拍卖、招投标、协议转让等，实现固定资产报废处置的公开化、透明化，且把产生的收入交给单位进行统一核算，强化"收支两条线"管理，避免这些收入成为

某个部门或者个人随意私用的"小金库"。

4.规范固定资产会计核算行为,健全固定资产盘存制度

对于固定资产的会计核算,高校须作出规范化管理,对各部门的具体职权进行明确。依据如今的固定资产核算模式,资产管理部门和财务部门都有责任分别对固定资产作出会计核算。

学校财务部门在开展固定资产的各项会计核算工作过程中,应借助账务处理系统,同时严格依据《高等学校财务制度》,作出固定资产分类核算。一般来说,固定资产可以分为房屋及构筑物;专用设备;通用设备;文物和陈列品;图书;家具、用具、装具及动植物这6类。

资产管理部门需借助固定资产管理系统开展工作,在会计核算过程中实现相对全面的总账、明细账、卡片账三账一体管理,提升核算的精细化和准确化程度,开展合适的数量管理,安排专门岗位及专人对核算工作负责。在管理系统的明细账和卡片账中须对固定资产的详细信息进行记录,包括数量、金额、规格、型号、使用单位、使用人、存放地点、保管人、外观形态(也就是外观有无损伤,损伤的具体情况)、性能状态等,为账账、账卡相符提供保证。此外,财务部门和资产管理部门需进行定期清点,并结合清点结果和原因,开展规范的账务处理,将已经处置转出、投资转出、被盗、遗失、拆除的设备或房屋、建筑物等,迅速按处置资料在账务系统的固定资产管理系统中进行核销,在清点后发现有所增加的固定资产,也要在系统中结合重置价格或市场价格进行核实及更新录入,防止账面和实际不相符。

另外,当前各高校校园内种植了大量的、品种丰富的花草树木,也储藏着较多的文物和纪念品(如某高校校庆时各兄弟院校制作并赠送的各种纪念品、庆贺品等),但这些东西都没有在学校账务处理系统和固定资产管理系统中反映出来,因此高校相关部门应当规范高校动植物、文物和纪念品等的核算,完善高校固定资产会计核算制度,全面反映高校固定资产实情。

(五)健全对外投资管理制度和责任追究制度

面对不断激化的市场竞争环境,高校应当主动适应,针对对外投资金额小、范围窄,及缺乏投资风险意识等问题,采取积极的应对措施。这就要求健全对外

投资管理制度，对投资管理岗位进行恰当的安排，对其岗位的具体职权进行明确；着重进行对外投资的可行性研究与评价、对外投资决策与执行、对外投资处置审批与执行不相容岗位分离；综合领导班子集体研究、专家论证和技术咨询的优势，对对外投资的可行性进行全方位的研究。

遵守国家相关规定，在符合学校授权审批制度、风险控制制度、投资管理制度的条件下和被投资方进行投资合同或协议的签订，对出资时间、金额、方式、双方权利义务和违约责任等内容进行细化和明确，还要在合适的时间对资产投放结构作出合理调整，对资产流动性和营利性进行妥善协调，确保对外投资保持合理的资产结构，从而在流动性合理的情况下实现营利的最大化。着重对对外投资项目开展追踪管理，尤其要关注投资风险，建立和代表严密的投资资产保管制度和会计控制制度，将保管责任落实到个人；对账簿体系进行完善，严格管控账簿记录工作，对对外投资的价值变动和投资收益情况进行及时、全面、准确地记录；提升对外投资回收和处置控制的力度，完善责任制度、激励制度，对于作出严重失误决策、违背集体决策程序以及违规开展业务的部门或者个人，还有难以对到期投资进行回收的部门或者个人，都要按照责任制度进行追责，坚决杜绝高校以往随意、无序、无效的投资方式，精准地选择投资项目，谨慎投资，增加投资收益。

（六）健全考评制度，重视激励机制

高校应当结合本校实情，建立健全切实可行的资产管理工作考核机制和科学的激励机制，要重视评价结果运用，加大奖惩力度。资产管理工作考核机制是对高校资产管理情况和管理效果的评价标准、评价措施和评价程序做出详细、明确规定的一种制度，是对学校内部资产管理行为的一个定性、定量的评价标准，既为高校资产管理提供指导性方向和目标，又为评价高校资产管理情况提供依据和标准，是高校资产管理的关键环节。在这个环节中，不管是学校高层管理者还是一般的师生员工都能够发现高校资产管理存在的缺陷，以及有什么样的、多大程度的偏差，它们是由什么原因引起的，应采取什么样的措施等。可见，该环节的工作影响着整个资产管理的效果，因此，要进一步完善高校资产管理工作考核机制。

要保证资产管理工作考核的客观、公平、公正及权威性，必须由具有相对独立权限的机构来负责。并且该机构应直接由校长、书记垂直领导。例如，可以建立一个由校长或书记为主要负责人,由各关键部门领导为成员的"资产管理考核小组",并赋予其独立的、专门对资产管理与经济效益进行监督与考核评价的权力,以使其能正确、及时完成使命。

第三节　高校会计人才管理的创新实践

一、高校会计人员管理的基本内容

(一)会计人员职业素质管理

强化会计人员职业素质管理非常重要,这将会关系到整体财务管理成效。科学合理的制度设计与管理,能够提高经济效益;无序不当的制度设计与管理不当,可能导致经济上的浪费与损失。其中,财务管理是否完善,与会计人员是否具备相应的职业素质有直接联系。会计人员自身素质较高,相应的财务管理水平也会突出;会计人员素质不高,则财务管理水平一般甚至较低。

会计人员职业素质由专业素质与职业道德素质两部分组成。专业素质是指会计人员所应该具有的知识结构、专业技术水平,业务能力及其他职业素质等;职业道德素质是会计人员在财务会计工作中,有没有自觉遵守道德标准。会计人员职业素质管理,应从会计人员专业素质、职业道德素质的培养入手,在素质高尚、能力突出的财务主管带领下,提升财务部门的整体素质。

1. 会计人员的专业素质管理

会计人员的专业素质将影响高校财务管理的整体水平,因此,为保证财务管理的质量,必须对会计人员提出更高的要求。专业素质管理主要是通过明确会计人员准入条件、培养在岗会计人员的素质等措施进行的。

(1)高校会计人员的准入条件

现代高校财务管理需要高素质的管理人才,在录用会计人员时,应该设置一定的准入条件,但由于道德素养是通过日常行为表现出来的,面试时很难以考试的方式判断,因此准入条件一般只针对专业素质。高校会计人员的录用,应具有学历、专业、工作经验、年龄等方面的准入条件。

第一,学历条件。例如,本科高校培养的是本科及以上学历的人才,一般情况下高校管理人员应该具备本科以上学历,否则管理人员的层次与高校培养的人才层次不相适应。高校会计人员是管理岗位的专业技术人员,因此必须具备本科以上学历。

第二,专业条件。高校财务部门的主要功能为会计核算和财务管理,两者互相联系、互相渗透。核算过程包含管理内容、管理过程需要核算数据,高校会计人员既要会核算,也要懂管理。会计人员的专业要求一般为:会计专业或经济类的其他专业,且必须具备计算机应用的基本知识;如果是系统软件管理和维护人员,那么可以是计算机专业的,但必须掌握一定的会计专业基础知识。

第三,工作经验。高校的一般会计人员只需要符合学历条件和专业条件即可,不一定要求有工作经验。会计机构负责人或财务主管应该具备财务工作经验,如果非专业人员,则对会计机构的管理也只能是行政上的领导,难以深入到专业领域。在实际工作中,因干部轮岗的需要,部分高校会计机构负责人是从其他部门轮岗而来的,不具备财务工作经验及会计从业资格,这对高校财务工作的进行是没有帮助的。随着未来高校的发展和管理体制的改革,会计机构负责人专业化将是发展的趋势。

第四,年龄。高校会计人员录用年龄应该区别对待,如果录用年轻人,应选择高校毕业生;如果不是年轻人,则须具备技术职称和工作经验。社会上流行的说法是做技术的人,如医生、会计师等"越老越吃香",即经验越来越丰富、技术越来越成熟。但如果随着年龄的增长,经验和技术却没有跟着长进,那么他们的专业发展潜力就不复存在,录用也没有意义。

(2)新进人员岗前培训和业务指导

会计专业是应用型专业,新进的会计人员需要一段时间的实践和适应过程。对新进会计人员进行岗前培训和业务指导,使新进会计人员能以最快的速度胜任岗位工作,也是提高会计人员素质的有效办法。一般情况下,高校新进会计人员不是批量的,而是一次录用几个人,并不适合采用培训班的形式。在管理实践中,对新进会计人员采取一对一的业务指导,即挑选业务素质好的优秀会计人员对新进人员进行"传、帮、带",讲解工作内容和指导具体业务,一般指导1—3个月,新进人员基本上就可以独立工作了。但如果由新进人员自己摸索,没有人给予业务指导，则适应岗位的时间最快为半年甚至更长。但在激烈的竞争环境下，怎样让优秀的会计人员既能传授经验和技能给他人，而又不会有危机感呢？这确实是一个好好处理的问题。首先，要明确"传、帮、带"是一项组织分配的工作任务，不是个人意愿和个人行为；其次，要给传授者一个荣誉，那就是被传授者的老师；最后，也是最重要的，是要在内部形成一个道德底线，约束机制及和谐的工作环境，如果没有和谐的工作环境及会计人员道德底线约束，则难以实现"传、帮、带"。

（3）高校会计人员知识结构要求

对于从事高校财务管理的会计人员来说，具备会计专业知识只是一个基础。由于会计学是涉及具体操作的专业领域的学科，再加上会计法律法规对会计工作做出的具体约束和规范，高校会计人员如果知识结构单一，则容易形成内敛的个性，给人谨小慎微、做不了大事的感觉。有的高校领导宁愿提拔一个非专业人员任会计机构负责人，也不愿用纯会计专业的人才，造成这种现象，除了政治素质的因素外，人才知识结构与高校财务管理的要求存在偏差是主要的原因。因此，一个合格的高校会计人员的知识结构应该是全面的，除了具有会计专业知识外，还必须具备计算机、管理学、经济学、统计学等其他相关学科的基本知识，成为综合型应用人才。

首先是计算机知识。随着电算化的普及和网络时代的发展，现代高校会计核算和财务管理都是通过计算机软件和网络信息来进行的，如果没有计算机方面的知识，则无法从事高校会计工作。计算机知识是除了会计学知识以外，会计人员必须具备的基本知识。

其次是管理学知识。高校财务管理需要运用管理学方面的知识，因此，会计人员必须具备一定的管理学基础知识。

再次为经济学知识。会计学是具体领域的学科，为了弥补宏观知识的不足，会计人员需要了解经济学方面的知识，把握宏观经济发展，把微观与宏观知识结合起来，才能做好高校财务管理工作。

最后是统计学知识。财务管理涉及数据分析，会计人员需要了解统计分析方法，因此，必须具备统计学的基础知识。

（4）高校会计人员素质的培养

高校会计人员被淘汰下岗的情况很少，想要让在岗人员主动提高自己的素质，就要有激励的机制、良好的环境及提高自身的途径。

①激励的机制

第一，建立尊重专业人员技术职务的机制。目前，高校仍然是行政化管理体制，因此，首先要建立起尊重专业人员技术职务的机制，如果对会计人员基本的技术等级身份都不予认可和尊重，那么其他一切便都无从谈起。一方面，高校要鼓励会计人员参加职称考试，通过考试培养学习习惯，从而提高业务水平；另一方面，高校要尊重会计专业技术职务，在提拔行政管理职务等方面，应该把会计专业技术职务作为重要的参考因素。在同一条件下，专业技术职务的高低标志着个人付出的努力的多少，应有区别地进行对待，以激励会计人员积极进取。

第二，建立技术学术奖励机制。为了最大限度地发挥会计人员的技术水平，提高工作效率，高校应当建立绩效考评制度，开展技术评比活动，对工作表现出色、办事效率高的会计人员给予奖励；为了激励会计人员参与学术活动，在专业论文方面，要根据发表论文的质量等级给予一定的奖励；在课题研究方面，对获奖的课题组给予一定的配套奖励金。

②良好的环境

环境因素对会计人员整体素质的影响非常大，良好的环境有利于会计人员整体素质的提高。良好的工作环境需要营造：一是由管理者营造；二是由会计人员自己营造。

第一，管理者营造。高校各级管理者应为会计人员营造积极向上、健康进取、团结协作的良好工作环境，让会计人员全身心地投入到工作和学习当中。

第二，会计人员自己营造。如果工作环境比较差，可以从少部分业务骨干开始，把风气引向好的方面，再逐步扩大影响力，最终从量变到质变，改变恶劣的环境，形成健康向上的良好氛围。

③提高的途径

学历教育或进修学习、继续教育培训是提高财务人员素质的有效途径。

第一，学历教育或进修学习。高校会计人员具有其他行业会计人员无法比拟的优势条件：很多高校在本、专科或研究生阶段均开设了会计或其他经济类专业，高校会计人员在职参加各类学历教育或进修比较方便。高校应鼓励会计人员在不影响日常工作的情况下参加各类学历教育，或选送人员进修学习。

第二，继续教育培训。会计类的专业知识更新比较快，因此会计人员必须每年参加继续教育培训，给自己的知识进行一次"更新换代"。继续教育学习是"老会计"跟上新时代发展的有效途径。除此之外，会计人员还可以自学相关业务知识。

2. 会计人员职业道德素质管理

职业道德素质是会计人员职业素质的重要组成部分。出色的专业素质和良好的道德素养构成了高素质的会计人才。

（1）会计人员职业道德素质标准

《会计基础工作规范》第十七条规定："会计人员在会计工作中应当遵守职业道德，树立良好的职业品质、严谨的工作作风，严守工作纪律，努力提高工作效率和工作质量。"[①]《会计基础工作规范》还对会计人员的职业道德提出了6点具体要求。

第一，敬业爱岗。会计人员应当热爱本职工作，努力钻研业务，使自己的知识和技能适应所从事的工作要求。

第二，熟悉法规。会计人员应当熟悉财经法律、法规、规章和国家统一会计制度，并结合会计工作进行广泛宣传。

第三，依法办事。会计人员应当按照会计法律、法规和国家统一会计制度规定的程序和要求进行会计工作，保证所提供的会计信息合法、真实、准确、及时、完整。

第四，客观公正。会计人员办理会计事务应当实事求是、客观公正。

第五，搞好服务。会计人员应当熟悉本单位的生产经营和业务管理情况，运用掌握的会计信息和会计方法，为改善单位内部管理、提高经济效益服务。

第六，保守秘密。会计人员应当保守本单位的商业秘密。除法律规定和单位领导人同意外，不能私自向外界提供或者泄露单位的会计信息。

因此，会计人员职业道德素质的核心是"依法办事"，只要依法办事，就不会做假账。同时要会"搞好会计服务"，如果不会管理、不懂为提高经济效益服务，

[①] 中华人民共和国财政部. 会计基础工作规范 [M]. 北京：经济科学出版社，1996.

那也是一个不合格的会计。

（2）会计人员职业道德素质培养

一个人的道德修养是通过家庭教育和社会教育逐步形成的，在同等的教育环境下存在着个体道德修养的差异。会计人员的职业道德素质是在其选择会计作为自己的职业后逐步形成的，加强会计人员职业道德教育是培养职业道德素质最直接、有效的途径。

3. 财务主管的选拔及专业化管理

财务主管对会计机构及工作人员的整体素质有很大影响，因此财务主管的选拔也是会计人员职业素质管理的重要组成部分。

（1）财务主管对会计队伍整体素质的影响

在高校财务管理实践中，财务主管对会计主流人群的影响主要有4种类型：正向引导型、不闻不问型、负面带动型、混合型。

正向引导型。这种类型的财务主管一般属于高素质的人才，通过主管的榜样效应，会计人员也以成为高素质人才作为自己的努力目标。同时，通过主管的业务指导使会计队伍的整体素质得到提高，从而得以产生一批高素质的会计人员。正向引导型主管对会计队伍素质的提高具有积极的影响。

不闻不问型。这种类型的主管一般属于性格内向或自己管自己、不喜欢管别人的人。在这种情况下，会计人员或自由放任或自我发展。不闻不问型主管对会计队伍的素质影响不大。

负面带动型。这类主管一般有自己的癖好，而且可以鼓动他人也产生与他同样的癖好，使员工患上同样的"流感"。比如，爱好麻将的主管，有时会在上班时间打麻将，有时会在下班前约好朋友聚会，第二天还兴奋地交谈昨晚的"战果"，带动部分人也跟进交谈，使其他人不得安宁。这类主管的负面影响很大，不但无法提高会计队伍的整体素质，而且可以降低整个财务部门的工作效率。

混合型。混合型主管介于以上3种类型之间，属于大众化的人员，对会计群体的影响不是特别突出。

（2）财务主管的选拔

选拔财务主管时，不仅要看其专业素质和能力，还要看其对部门工作人员可能产生影响的类型。

①担任财务主管的基本条件

担任单位财务主管，除取得会计从业资格外，还应当具备会计师以上专业技术职务资格或者从事会计工作3年以上经历（具体以单位要求为准）。

②专业素质和管理能力要求

一般来说，财务主管的业务素质应该是会计群体中的佼佼者，具有让人信服的专业技术水平和政策水平，知识结构比较全面，还要具有把握全局的组织协调能力。

③对会计群体影响的类型选择

首先，应当选择正向引导型的财务主管，以利于会计队伍整体素质的提高，创造和形成积极向上的工作环境；其次，可选择不闻不问型的，对会计群体影响不大，即使没有好的影响，至少也没有坏的影响；最后，选择大众化的混合型主管。切不可选择负面带动型的主管。

（3）财务主管的专业化

虽然很多高校的财务主管是由专业人员担任的，但就高校整体而言，如果不改变现行的行政化管理体制，那么财务管理的专业化还有漫长的路要走。高校财务管理的专业化需要具备两个前提条件：一是现实需要；二是管理体制。

随着近几年的发展，高校外部和内部的经济环境都发生了重大的变化。外部环境中，市场经济发展逐步走向完善；内部环境中，虽然计划经济的痕迹还比较明显，但在高校与外部的交互关系中，市场经济的因素已经渗透到了高校，高校内部各种经济关系越来越复杂。大规模的融资行为对专业化管理提出了要求，这样来看高校财务专业化管理的现实需要条件已基本具备。

现行的高校管理体制是行政管理体制，财务管理是高校行政管理的一部分，财务主管（或负责人）可能是行政长官，而不是专业人员。《高等学校总会计师管理办法》的施行对高校财务专业化管理进行了推动，但在现实中，高校财务专业化管理还没有得到全面的推广。会计法规对财务主管的任用条件与干部管理制度在高校财务管理中存在不一致，有些高校按照会计法的条件任用财务主管，而有些高校则按照干部管理制度的要求任命财务行政领导，这表明高校财务管理专业化的体制条件还未完全具备。

高校财务管理专业化的现实需要条件虽已具备，但体制条件尚未成熟，实现财务专业化管理还需要时间。随着我国市场经济的成熟和高校改革的推进,高校财务实现专业化管理是必然的趋势。

(二)会计人员行为规范管理

财务管理人员有可能为各种利益所驱动,从而冲破职业道德底线,做出对财务管理不利的行为,使管理机构内部产生风险。为了防范机构内部风险,必须建立对会计人员具有普遍约束力的行为规范。会计人员行为规范是指通过对会计人员行为的约束和限制,抑制其不良动机,从而控制可能出现的负面行为。会计机构和会计人员行为规范表现在"该为"和"不得为"两方面,以及对"该为不为、不得为而为之"应追究的责任。

1."该为"的事项

根据会计法的要求和高校财务管理实践,"该为"的事项可归纳为以下七个方面。

(1)进行会计核算

会计核算由款项及有价证券收付款两部分组成,主要涉及:财产、物资的管理与核算;债权、债务的产生与清算;资本、基金增加或减少;收入、支出、费用、成本的核算;财务成果及其他经济业务事项的核算与处理。须填写或获取原始凭证,及时送到会计机构处理,会计按经济业务事项实际进行核算,填写会计凭证,注册会计账簿,编写财务会计报告。

(2)符合制度规定

会计凭证、会计账簿、财务会计报告等会计资料,一定要按照国家统一的会计制度执行。高等学校财务部门应严格按照国家有关制度要求办理各项手续,不得违反学校的有关规章制度或政策规定,擅自更改、增加内容。高校财务机构及其会计人员必须按照国家统一的会计制度规定对原始凭证进行审核,不得有差错,对于非合法的原始凭证,有拒绝接受的权利,并向所在单位负责人报告;对记录有误、残缺的原始凭证应返还,并要求另一方按照国家统一的会计制度予以更正或补充。会计核算方法采用借贷记账法时,要按照"借"或"贷"科目登记总账,不得在明细账中设置余额调节项目,也不能将有关账户作为一个整体列示。记账凭证应当建立在经过审核的原始凭证及有关资料基础上。

高校中出现的一切经济业务往来,都应在依法建立的会计账簿中统一登记核算。这是保证会计信息质量的重要环节。会计账簿的登记,一定要根据审查后的会计凭证,并且与相关法律、行政法规及《高等学校财务制度》《高等学校会计制度》等制度相一致。

高校财务会计报告应以审查后的会计账簿记录及相关材料为基础,并且与国家统一规定的有关财务会计报告的编制工作、提供对象、提供期限等条款相一致,为不同会计资料使用者编写的财务会计报告,编写依据要统一。会计报告由单位负责人和主管会计工作的负责人负责、会计机构的负责人(或会计主管)签字、盖章;设总会计师的单位,应有总会计师的签字和盖章。单位负责人要确保财务会计报告的真实性和完整性。

(3)定期核对账款

高校应定期按时对会计账簿和实物、款项与相关信息进行查验核对,确保会计账簿记录同实物和款项实际数额一致;会计账簿记录和会计凭证相关内容一致;会计账簿间对应登记一致;会计账簿记录和会计报表相关内容一致。在高校财务机构中,会计人员核对会计账簿记录和实物、款项与相关信息有误时,可以自行处置,并且要及时处理;如超出权限的,要立即报告单位领导,找出问题产生的原因并做出处理。

(4)特殊情况说明

各大学所采取的会计处理方式,前后阶段要保持一致,不允许任意更改。如果需要更改,应根据国家统一会计制度做出调整,财务会计报告需要阐述调整原因、实际情况及可能产生的影响。发生的固定资产处置费用和其他资产损失,不属于固定资产减值准备范围。单位给予的保证、未解决的诉讼和其他事项,应按国家统一会计制度对财务会计报告进行解释说明。

(5)建立会计档案

会计凭证、会计账簿、财务会计报告及其他会计资料,高校都要进行存档并妥善保存。各级各类学校应根据本单位特点和需要来设立专门的档案管理机构,并配备专职人员负责管理。会计档案保管期限及销毁方法等,由国务院财政部门会同相关部门负责拟订。

(6)依法管理

单位负责人要确保会计机构、会计人员履行法定职责,会计机构、会计人员对与会计制度不一致的内容，有拒不接受处理或依权改正的权利。国家对会计资料实行统一管理，任何单位和个人都有权检举违反会计法的行为。国家会对违反会计法律法规的行为给予批评教育或警告等行政处分。相关部门有处理权，根据职责分工，及时依法办理，有争议的，由主管机关决定处理；无权办理时，应及时转交到有办理权限的部门。相关负责部门应向检举人提供保密服务。

（7）如实提供资料

依据相关法规，高校须配合监督检查部门合法监督检查，应如实向委托会计师事务所出具会计凭证、会计账簿、财务会计报告等会计资料。

2."不得为"的事项

根据会计法的要求和高校财务工作实践，"不得为"的事项可归纳为以下七个方面。

（1）不得弄虚作假

单位和个人不得以虚假的经济业务事项或者资料进行会计核算。

（2）不得伪造、变造

单位和个人不得伪造或变造会计凭证、会计账簿以及其他会计资料，不得提供虚假的财务会计报告。

（3）不得私设账簿

不得违反国家统一的会计制度的规定，不得私设会计账簿进行登记、核算。

（4）不得授意、指使

单位负责人不得授意、指使、强令会计机构、会计人员违法办理会计事项。

（5）不得泄露检举人信息

收到检举材料的部门、负责处理的部门，不得将检举人姓名和检举材料转给被检举单位和被检举人个人。

（6）不得非法要求

单位或者个人不得以任何方式要求或者示意注册会计师及其所在的会计师事务所出具不实或者不当的审计报告。

（7）不得拒绝、隐匿、谎报

单位和个人应如实提供会计凭证、会计账簿、财务会计报告和其他会计资料，接受有关监督检查部门依法实施的监督检查，不得拒绝、隐匿、谎报。

(三) 会计人员岗位控制

财务机构（或会计机构）的内部风险主要来自两方面：一是因会计人员及会计主管业务素质低而发生的差错或失误所带来的经济风险；二是因为会计人员职业道德缺失而发生的犯罪行为所带来的经济损失。这两种风险都跟管理不善和岗位控制不严有关，但经济犯罪比起差错和失误后果更加严重，防范犯罪行为的发生与提高会计人员职业素质都非常重要。应当对人员进行合理的岗位分工，建立会计岗位经济责任制，实行岗位轮岗制度以阻断危害行为的惯性延续，通过设置账务处理程序，使不同岗位之间互相监督，最终达到控制会计行为、降低内部经济风险、防范犯罪行为发生的目的。

1. 会计岗位责任制

会计岗位责任制，主要是设置每个会计的岗位职责，并对每个岗位进行年度考核，根据考核结果采取相应的奖惩措施，以达到分工明确、责任落实的控制目标，更好地发挥每个会计人员的积极性和能动性，提高工作效率和工作质量。

（1）岗位职责的设定

会计岗位职责是指每个会计岗位应该完成的任务及应当承担的经济责任和风险。

①行政或业务主管类岗位职责

第一，财务机构负责人岗位职责。财务机构负责人的岗位职责大体可归纳为以下内容：负责会计机构工作的职责；财务规章制度的制定、贯彻和监督职责；预、决算工作职责；收支管理职责；协调沟通职责；会计人员管理职责；等等。

负责会计机构工作的职责，即在校长或副校长的领导下，全面负责财务机构工作，制订年度工作计划，参与学校经济决策及有关经济协议的拟订，对经济事项进行把关，当好管理层的经济参谋。

财务规章制度制定、贯彻和监督职责，即贯彻执行《会计法》及其他财经法律法规、规章制度，根据学校的具体情况制定学校内部财务管理制度和管理办法，监督检查学校各项财务规章制度的执行情况。

预、决算工作职责，即根据学校教育事业发展规划和《预算法》的要求，编制学校年度收支预算方案，初步审核学校财务预算编制情况、年终决算及报表编制情况，及时向有关部门及管理层提供财务报表和其他综合性财务资料。

收支管理职责，即合法、合理地组织各项收入，按照勤俭的原则，节约使用预算经费，对各项支出口径及重大事项支出进行把关，提高经费使用效益。

协调沟通职责，即负责同财政、税务、物价、银行等机构的联络，以及同校内其他部门的沟通协调工作；负责审定对外提供的会计资料；定期或不定期地向校领导汇报财务收支情况，向校内各部门通报本部门预算执行情况；做好各科室、岗位之间的协调工作，使信息上传下达。

会计人员的管理职责，是对会计人员进行职业道德教育，组织会计人员进行业务培训，并且创造条件，使会计人员能够参加业务培训，提高会计人员技术水平，改善服务质量，使会计管理科学化；监督、检查会计人员履行职责及工作完成情况；应用现代信息技术，实现财务管理和会计核算的信息化、网络化；对本部门的会计工作，实行宏观控制和监督。

第二，会计主管岗位职责。会计主管岗位职责包括以下内容：配合会计机构负责人做好各项业务；协调科室内部各会计岗位的工作；与其他科室进行沟通，协调相关工作；起草与科室业务相关的文件，接受各类检查；承担各岗位考勤统计和会计人员继续教育管理；负责做好学校资金筹集的具体工作；等等。

②财务管理类岗位职责

第一，预算管理岗位职责。负责编制学校年度预算、预算指标分解下达和预算调整；负责预算凭证的编制、审核、录入以及各单位的经费卡（或本）的制作和管理等工作；配合财务主管做好经费支出管理和部门经费预算控制，检查各预算执行单位的预算执行情况，定期对预算执行情况进行分析；负责二级学院的收入分配管理，以及学校财政专户的上缴、返拨及账务核对工作；等等。

第二，收入管理岗位职责。负责申请财政预算拨款，核对预算拨款进度，以及各类收入款项的催收和入账工作等。

第三，学生收费管理岗位职责。负责学生学费、住宿费、考试考务费、报名费等各类事业性收费及代办费的管理工作；办理收费标准的申报、收费许可证的变更和年检，还要保管好收费文件；与招生部门配合，及时获取新生名单，建立学生收费数据库，做好学生收费的入账和数据库管理工作；负责学费的收取、退回及票据打印、发放、统计、催缴以及收费软件的管理等工作；报告学生收费进展和学生欠费情况；处理学生退学、休学、转专业等情况的学费结算；负责奖学金、助学贷款等的发放；配合学生资助管理中心做好学生助学贷款的相关工作；等等。

第四，固定资产管理岗位职责。负责审核固定资产申购的手续；办理固定资产入库登记、建账、立卡；定期进行固定资产盘点和清查，对报废资产办理报废手续并予以处理；进行固定资产账与实物的核对等。

第五，票据管理岗位职责。负责财政和税务各类发票的申购和管理，校内领用票据的审核和登记，办理使用后的票据核销手续；负责物价、税务部门的年检、年审工作；等等。

第六，档案管理岗位职责。负责会计记账凭证、账簿、其他会计资料的打印和装订；会计档案的整理、立卷、归档和查阅等工作；负责文件的签收、处理、装订、立卷、保管和归档工作；等等。

第七，财务系统管理岗位职责。负责财务系统数据库软硬件运行情况的检查和维护，及时排除运行过程中发现的故障，确保系统的正常运行；根据财务软件的特点和学校的财务要求，及时对财务软件进行设置和更新；负责财务处数据及各类电子账表凭证、资料的备份，做好财务电子数据的整档、存档工作等。

③会计核算类岗位职责

第一，支出审核及凭证制单岗位职责。严格要求会计人员按照《会计法》《会计基础工作规范》和国家及校内各项财务规章制度，办理会计核算业务；审核原始凭证、录入财务电算化系统、生成记账凭证、打印记账凭证；负责接受内部核算单位的账务查询、业务咨询；等等。

第二，会计报表岗位职责。负责编制会计月报、年终决算报表；负责撰写财务报告和报表数据的分析工作；等等。

第三，科研项目核算岗位职责。负责学校科研（含纵向、横向）项目经费的核算与管理，科研项目原始凭证审核、录入财务电算化系统，生成记账凭证和会计账簿；控制经费的使用和支出，整理科研经费的使用情况；科研课题结题后，负责填制结题收支报表；等等。

第四，基建项目核算岗位职责。负责学校基建项目会计审核、录入及相关账户的处理；对基建资金的使用情况提出分析和建议；参与基建项目的招投标、工程项目的预决算工作；参与起草有关基建项目资金支出的财务规章制度；等等。

第五，工资核算岗位职责。负责工资、奖金、津贴等清册的打印，并发放或转入职工工资卡，以及个人所得税扣缴、申报和相关报表的填报等工作；职工各类社保的缴交；职工公积金的汇缴、转移、调整和支取等工作。

第六，材料核算岗位职责。对实验材料、教学材料、办公用品、维修材料等进行进出仓核算；制订材料采购计划，根据材料管理办法的规定，办理出入库手续；定期和保管员进行仓库材料盘点，每月上报材料变动、消耗明细表；等等。

第七，往来款清算岗位职责。暂存暂付款、应收应付款的结算和清理；发送债权债务核对函，及时结清学校的债权债务。

④资金结算类岗位职责

第一，现金出纳岗位职责。负责现金或现金支票的收付，按《现金管理暂行条例》的规定，根据复核人员打印并签章的收付凭证，办理款项收付业务；将每日收入的现金及时存入银行，每日登记现金日记账，日终现金盘点，做到日清月结；做好有价证券的保管；等等。

第二，非现金出纳岗位职责。负责银行账号和银行支票的管理；做好转账支票、网上银行电子支票的收付工作，并及时记账；每日终了登记银行存款日记账，核对当日收付款项，随时核对银行存款余额，做到日清月结；月末及时对银行对账单进行核对，填制银行余额调节表，及时处理未达账项；负责支票的保管及收款票据填制。

⑤稽核复核类岗位职责

第一，复核岗位职责。复核电算化流水作业中的原始凭证，核对记账凭证科目和金额，核对付款支票金额和账号，等等。

第二，稽核岗位职责。对所有财务资料进行稽核。

（2）岗位考核和奖惩管理

岗位考核和奖惩管理是对岗位职责履行情况的评价和控制。

①会计技术岗位考核

一年考核一次，按"德（职业道德）、勤（出勤及敬业）、能（工作能力）、技（专业技术水平）"等指标进行考核。考核应经过自我评价、其他工作人员评价、业务主管和机构负责人评价的程序，最后进行综合评价。

②奖惩

根据岗位考核情况，制定相应的奖惩办法，对于尽职尽责人员给予奖励，对不能尽责人员给予一定的惩戒。

在具体措施上，对工作表现好、岗位考核优秀的会计人员除给予一定经济上的奖励外，在职称评聘、升职等方面应予以优先考虑，对于工作表现不好、岗位考核差的会计人员，除了扣除奖金外，可以考虑轮岗到其他适合的非会计岗位。

2. 会计岗位轮岗制度

为了加强会计各岗位之间的相互学习，了解和掌握每个岗位的具体业务特点，全面提高会计人员的综合素质，会计人员应在各会计岗位之间进行定期轮换，即实行轮岗制度，会计轮岗一般为2~4年轮换一次。

（1）财务机构负责人轮岗

在高校会计轮岗中，最为棘手的问题是财务机构负责人轮岗：如果财务机构负责人是财务专业人员，那么轮岗到其他部门会专业不对口；如果是非财务专业人员的其他部门负责人轮岗到财务机构，则会因为专业不熟悉，不利于高校财务机构的管理。因此，财务机构负责人由财务部门内部培养和替换，不失为一个可以权衡利弊的办法。

财务机构负责人轮岗，一般3年一次，最长不应超过6年。从高校财务管理的实践看，在负责人的岗位上时间太长，人就会变得麻木和惯性，即使出现经济风险也很难发觉。在岗时间越长，积累的管理漏洞和不完善问题可能就越多，那么出现经济风险的概率也会增大。如果6年内进行岗位轮换，工作中的漏洞和风险就会因岗位的轮换而被及时发现或阻断，高校可以避免由此带来的经济损失和不良影响。

（2）财务主管（科级干部）轮岗

财务主管（科级干部）轮岗，可以在财务机构内部进行，也可以根据个人意愿轮岗或提升到其他部门，不再从事财务工作，但轮岗到其他部门的人员除非是专业人员，否则对财会队伍的建设不利。为了与财务机构负责人轮岗相互协调，财务主管3年轮岗一次比较合适。

（3）一般会计人员轮岗

一般会计人员轮岗主要还是在财务机构内部进行，财务部门可供轮换的会计岗位较多，因此一般会计人员轮岗的时间不应太长，2~3年轮岗一次比较好，这样可以全面了解各岗位的工作。

（四）会计人员职业风险管理

会计法赋予会计人员监督的使命，但会计人员不属于执法者，只是专业技术人员，其使命与身份的差异，是会计职业特有风险的根源。首先，是"依法办事、搞好服务"这一矛盾的职业道德约束；其次，是会计人员行为规范的约束以及法律、法规的制裁，会计档案的最低保管期限一般为15年，在15年内发现问题还可以追溯责任。因此，会计职业属于高风险职业，这种职业约束与高校提倡创新和学术自由的氛围相比，循规蹈矩的会计显得格格不入，这就说明了为什么人们总觉得会计人员"谨小慎微"，不敢放手做事。

高校会计是会计群体中一个特殊的群体。没有哪个职业会像会计这样有这么多的考试，从取得初级职称开始，到取得中级、高级职称都需要考试过关，每年的继续教育还有考试的内容，普通会计人员除了忙于日常业务外，整个会计人生都快被考试"绑架"了。高校会计人员也一样需要付出，但由于是非经济行业（企业）的会计群体，没有被本单位普遍认可。不少高校领导抱怨会计工作过于"死板"，可是如果没有那些"谨小慎微"的会计人员脚踏实地地把住各个关口，人人都施展拳脚干自己想干的事，不出问题则已，一旦出了问题恐怕就不是小事了。从这个意义上来说，高校会计是个高风险、需要个人牺牲的职业。高风险的职业需要职业保护，尤其是在环境认同度较低的高校，会计人员风险保护显得尤为重要。

1. 会计人员的职业风险

高校会计人员职业风险分为内在风险和外在风险：内在风险主要是由于会计人员的专业水平、政策水平等个人素质问题而产生的风险；外在风险是受社会大环境以及高校小环境对会计人员的影响而产生的风险。

（1）内在风险

内在风险来自会计人员自身，主要有经济风险和法律风险两种。

①经济风险

由于疏忽大意业务不精、或水平有限等技术层面问题，发生业务差错，导致经济损失，从而给个人和单位造成经济风险。

②法律风险

由于不熟悉国家财经法律法规及相关政策，不懂得什么能做什么不能做，只凭感觉或听从他人指挥做事，这种因盲目而发生违法违规行为，造成了法律风险；或者会计人员由于受利益驱动，丧失了职业道德，做出了主动做假账等违法行为，造成了法律风险。

（2）外在风险

外在风险来自外部环境，因此，只有在良好的社会经济环境以及遵纪守法、依法办学的高校内部环境下，会计人员的外部风险才才是比较小的。在不完善的经济环境下，会计人员的外部风险始终存在，归纳起来有违意风险和违法风险两类。

①违意风险

违意风险是指会计人员未按指使人或授意人的意图做出违反法律法规的会计事项，从而可能带来被打击报复的风险。

②违法风险

违法风险是指会计人员被指使或被强迫，按照指使人的要求做出违法违规的会计事项，从而可能带来被追究刑事责任的风险。

2.会计人员的风险保护

会计人员的内在风险可以通过个人努力，逐步精通业务和掌握经济政策来化解，以及通过职业道德教育和法律制裁来规范。会计人员的风险主要来自外在风险，由于外在风险来自环境和他人，因此不能通过自身努力来解决，需要改善环境来降低外在风险，社会也应给予应有的风险保护。会计人员风险保护的主要途径有以下四点。

（1）完善会计法规

高校会计人员是普通的专业技术人员，而不是最终决策者，却担负着与之身份不相符的执法者的使命，各项财经法律、法规必须由会计人员去执行和落实，显然责权不对等，责大于权。因此，必须完善相应的会计法律，降低会计人员的法律责任，提高与权力相当的其他人员的经济法律责任。同时，要让违法者为违法行为付出更大的代价，以降低违法行为的发生，而不是让会计人员承受更大的风险，降低会计职业风险。

（2）改善会计执法环境

有的高校简单地把会计人员列入服务人员的行列，将职责界定为为广大教职工服务，却忽略了法律赋予会计人员执行财经法律法规的职业使命。会计人员往往处于高校经济利益冲突的风口浪尖，在学校利益、个人利益和国家利益中，按照法律、法规与自身风险进行抉择和平衡。会计依法办事的执法环境不完善，导致执法困难，承受的压力和风险大，却很少有人同情会计人员因执法而遭遇的不公。因此，需要各方面共同努力改善会计执法环境，在做好服务的同时，保护会计人员依法办事的权力。

（3）完善经济责任制

建立和完善校、院、系三级领导经济责任制，开展经济责任监督工作，降低会计外在风险。对新任各级领导干部进行会计法和其他财经法律、法规的普及培训，让他们了解自己的经济责任，避免违法违规行为的发生。在保护领导干部本人的同时，达到保护会计人员的目的。

（4）会计人员应加强学习和提高素质

重视自身学习，提高素质，是会计人员避免内在风险的重要途径。较高水平的政策和业务素质，能够减少工作上的失误；积极主动按照国家的经济法律法规行事，便能将经济风险降到最低，以及避免违法风险。

二、新形势下高校会计职务犯罪的风险与防范

（一）高校会计人员职业道德的重要性

会计人员的职业道德是每个企事业单位都会强调的重要准则。下面将从两个方面说明会计人员职业道德的重要性。

1. 职业道德是《会计法》的重要补充

《会计法》强调了会计人员的义务和责任等，但《会计法》的条款是有限的，不可能面面俱到。而且一些道德规范不好写进条款，如爱岗敬业、强化服务等。这些规范只能作为道德让会计人员自行遵守，而不能成为一种强制手段去约束员工，更何况爱岗敬业等根本就不能量化也无从考察。因此，职业道德是《会计法》

的重要补充,在很多法律没有涉及也涉及不了的领域,可以用职业道德去约束员工,能让员工进一步遵守《会计法》,并且把自己的工作做得更好。

2. 职业道德能够让员工齐心协力为学校的共同目标奋斗

人力资源作为一种无形的财产,是学校得以持续发展的基础和动力。高校要在竞争激烈的市场经济环境下生存和发展,就必须加强人力资源管理工作。唯有加大人才培养力度,重视高素质人才的培养,高校才能获得较好的发展。在新时期,要想培养出优秀的管理队伍和技术人才队伍,就必须加强对人力资源管理中职业道德建设问题研究。职业道德让员工更好地成就自己,员工要坚持提升自身业务水平并加强管理自己的行为。对高校而言,会计人员遵守职业道德可以使得经费的管理更加高效,还可以对高校收支进行调控,让高校财务制度更科学。

(二)财务职务犯罪的内涵

财务职务犯罪即国家机关、国有公司、企事业单位和人民团体的工作人员,或由上述机构委托、管理国有财产者,利用其财务、职务之便,从事非法活动或严重失职的行为,没有履行或没有正确履行自己的职责,损害了国家管理职位的职能,根据《刑法》应受惩罚行为的统称。他们侵犯了国家管理经济活动的职能,给公共财产、国家或人民利益带来重大损失,构成犯罪。

(三)财务人员职务犯罪的主观诱因及后果

会计工作在各项财务收支中处于"关口"地位,所有财务收支活动,都是经过会计核算、会计监督过程后才得以进行、承认与实现。会计工作在经济管理工作中具有举足轻重的意义。在社会主义市场经济逐步确立与完善的今天,会计工作在经济管理中的作用与地位,已经日益为人们所共识,会计人员在社会中的地位也随之提高。许多单位都把加强财务工作作为一项重要任务来抓。但同时部分财务人员思想意识、价值观念,也正在发生着相应的变化——个人主义和利己主义兴起,所以在"利益驱动和诱惑"之下,容易失去自己,进行直接犯罪或协同犯罪。最后自暴自弃,不仅给单位带来了损失,也对社会造成了负面影响。当前我国会计队伍中存在着一些不健康的因素,具体表现如下。

1. 思想境界不高

在社会这个大舞台上,人们扮演着不一样的角色,而每个角色扮演者的行为都取决于个人对角色的掌握和使其内化的程度。会计工作作为一种重要的经济管理活动,其职业道德建设是非常必要的。会计如果失去了精神支柱,将会丧失会计职业信念、缺失会计职业操守、无视其应尽的公共职责,甚至价值取向发生偏离,无法正确地处理利益冲突,所以才有了部分经不起丰厚利益诱惑的人,利用职权作案。表面上看,这是个经济问题,但究其深层原因,却是职业道德缺失造成的。高利益、高收入等诱惑,极易摧毁一些职业经理人、财务管理人员道德底线,使他们无视人民的生命财产安全,以牟利为目的进行违法行为。对会计人员来说,如果只关心账目,而忽视账目的来源去向就是不对企业负责任,可能会成为企业的罪人。

2. 自律意识薄弱

会计工作与国家、单位、投资者等多方存在经济利益关系。作为一个会计工作人员必须具备良好的职业道德素养,才能更好地为社会服务。会计人员若不能严格要求自己进行正确的职业活动,就容易在不健康的工作交往中误入歧途。

3. 缺乏自控能力

自我管理活动是由人的思想支配的,如果缺少自我控制、人的活动随心所欲、忽视社会秩序,就易导致社会秩序混乱。目前,我国经济活动中存在着许多不规范行为,其中一个重要原因是会计领域出现了严重的会计信息失真的现象。一些会计人员追求个人利益,攀比待遇,难以正确对待荣辱进退,导致心理失衡,从而丧失了基本法律观念,失去会计职业道德而故意造假、损毁会计资料,甚至借助职权侵吞挪用公款,最终走上违法犯罪之路。

4. 缺乏正确的价值取向

价值取向,是指在思想意识上具有鲜明的方向性。一个人的价值观和道德观,总是随着他所处社会的政治、经济地位而变化。以国家集体利益还是个人利益为导向,在这一问题上的不同抉择,反映了不同人的价值取向。会计人员对国有资产拥有运作大权,保障国家利益、集体利益责无旁贷。会计人员必须坚持正确的立场,把自己的职业行为置于人民群众的监督之下。但是,一些单位的领导和会计人员却禁受不住手里巨款的诱惑,利用工作便利作案,比如挪用公款炒股票,或者把巨额资金借给亲友经商等,想要从其中获利,最后却血本无归;还有受上级领导授意做假账、逃税;伙同贪官贪污国家资产;等等。会计人员价值取向不端正，就极容易在"贪"的问题上落马。

5. 相关利益驱动和诱惑

人类行为是复杂的，受各种因素的影响。而财务人员职务犯罪最根本、主要的原因就是利益。利益是人类一切活动得以进行并取得预期效果的动力源泉。纵观人类社会及世界经济发展的历史可以发现，人类社会发展到任何一个阶段，都会涉及利益，利益是多种社会制度交替得以进行的原因，更是多种利益驱使下的产物。在现代市场经济条件下，会计舞弊已成为一种严重影响会计信息质量的公害现象。会计师涉假行为造成诚信缺失，其直接原因在于利益引诱。中国的"郑百文""银广夏事件"，美国的"安然事件"，它们发生的原因，不是社会制度使然，而是受经济利益驱动。

（四）财务人员职务犯罪的外界制度诱因及后果

专家认为，所有偏离社会的现象，都可以在自身制度的不足上找到终极原因。人类行为通常仅仅是表象原因，并不是根本原因，由于人类行为受制度的制约，高校会计人员如果缺乏职业道德，那么一般会在会计法律制度、会计职业道德规范和相关控制制度不完善等情况下做出违反职业道德的行为。因此，在当前形势下加强对高校会计人员的职业道德建设显得尤为重要。以下立足于制度角度，对高校会计人员职业道德缺失问题的成因进行了三个方面的分析。

1. 会计法律制度及道德规范的不健全

会计法律制度和会计职业道德规范一样，属于社会规范的范畴，均包含了规范会计人员行为的规定。前者为国家立法或行政管理部门出台，具备鲜明的他律性特征；后者凭借的是社会舆论、传统习惯、内心信念等向会计人员的行为提供主要规范，自律性较强。两者互为补充，这对于提高高校会计人员的职业道德素养起到了至关重要的作用。

然而，在新制度经济学中提出了"制度不完备性无处不在"的说法。我国现行会计法律制度是会计职业道德制度保障，但制定人"有限理性"很多情况下只存在于制定过程，以至于该系统在执行时所处环境的复杂性和许多不确定性，造成它具有一定的天然缺陷，在对会计人员行为的现实引导中，往往会出现失灵。具体表现为很多与会计职业道德相悖的会计行为并不一定与会计法律制度相悖，致使会计人员违反职业道德所付出的代价少,获得的利益多,会计失信现象屡禁不止。另外,中国会计职业道德规范还属于非强制性非正式约束,执行的保障机制不健全,以效用最大化、有限理性与机会主义三个主要假设条件下,处于不利地位的会计职业道德规范的缺失,是造成高校会计人员失信的重要因素之一。

2. 高校内部控制制度的缺失

高校内部控制制度,即在高校内部各个部门、人员,职责明确、分工协作的前提下,开展相互联系、帮助、监督与制衡等行为的规范,它对会计人员的行为起着至关重要的指导与监督作用。高校内部控制制度是对产权进行界定和安排,科室通过交易费用来研究外部性问题,强调指出产权界定与产权安排的作用。研究产权保护期间会计职业道德,产权明确的高校会发现,由于其产权保护的明确性,增加了会计人员不诚实的社会成本,会计具有高度职业道德。如今,多数高校内部控制制度中产权界定不清晰,产权安排混乱,以及会计人员与高校管理人员牵制制度不够完善、激励和约束机制不够健全、岗位责任制形同虚设,缺乏职业道德评价体系等问题的存在,都可能使会计人员在履行职责的过程中,积极性不高,机会主义倾向严重。

3. 高校外部监督机制的不完善

高校会计职业道德的外部监督与内部监督并重,有效的外部监督能够减少由于信息不对称而产生的附加交易成本,加大会计人员违反职业道德的社会代价等,从而防止会计职业道德缺失。高校外部监督机构以各级财政部门、会计职业组织(如会计学会、总会计师协会等)和党政部门、各级机关以及群众组织等为主,只有上述各个监督机构,经过组织协调,才能构成有效运行的外部监督机制,真正发挥对高校会计人员会计行为的监督作用。但我国至今还没有形成健全的对高校会计职业道德进行监管的机制,具有有限理性的个体,在体制给予的约束下进行活动,不存在外部监督机制的约束,再加上高校特殊性质,它的财务运作状况并非完全向社会各界披露,所有这一切,都给有机会主义倾向的会计人员进行违反职业道德活动提供了便利,慢慢地就会造成社会不诚实的风气在高校里蔓延。

(五)财务职务犯罪的防范对策

根据对现阶段财务人员职务犯罪特征进行观察分析的结果来看,究其根本是内因(人)发挥着决定性的作用,主要存在着机制缺失、制度疏漏、管理混乱、监督不力等问题，这体现了会计管理工作没有进入民心，没有引起个人的自我责任心。并且会计人员自身素质不高也是导致其职务犯罪的重要因素。所以，为了防止国有资产流失，减少政府的运行成本；实现构建节约型政府、保障社会主义市场经济秩序、构建和谐社会的终极目标，必须加大防范财务职务犯罪力度。在实际工作中，应从源头上防范和减少腐败问题，下面总结了四个应予以强化的方面。

1. 充分发挥财务人员主观能动性，加强会计人员的工作责任心

首先，面对会计管理工作中存在的"矛盾点"，应抓好单位内部控制机制建设工作，建立健全各项规章制度，对财务收支活动进行全过程管理，加强对经济活动的监督，尽可能减少违法会计行为发生中人为因素，同时还要做好会计基础工作并提高人员素质；其次，寻找时代特征"共鸣点"，会计人员必须恪守会计职业道德，对待各项会计业务做到实事求是、客观公正、诚实守信；最后，应坚守"限制点"，就会计管理工作而言，应将财务人员个人的思想与行为导向对社会有利、对民众有益的方向。

2. 为财务人员履行职责提供保障，鼓励会计人员坚持原则

因为会计人员肩负着处理多种利益关系的任务，在行使权力时，往往会遭到各方面的阻挠与干扰，有时候可能会受到打击报复，严重时，甚至危及生命。因此，在会计执法实践中必须加强对会计人员权利与义务的保护。国家对会计人员应当采取特殊的法律保护措施，如明确责任主体，表彰奖励成绩突出的会计人员等，由此提升会计人员在社会中的地位，激励他们依法行事，提高做好本职工作的积极性。

3. 着重培养财务人员的业务素质，提高其自我认识及自我控制和自我评价的能力

（1）加强业务素质培养

会计工作的成绩好坏关键看会计人员素质高低。建设高素质财会队伍，加强对财务人员的职业道德教育与业务培训，是确保会计机构会计人员依法行使职权的基础。所以，要做到对财务人员职务犯罪的有效防范与控制，需要从以下4个方面进行强化：第一，注重政治素质培养，自觉树立共产主义理想观念。加强职业道德教育；第二，强化道德素质培养，能够正确地对待国家、集体与个人三者

之间的关系；第三，要强化智能素质的训练，积累文化知识基础；第四，注重能力素质培养，使之适应会计工作的发展需要。

（2）加强自我管理能力的培养

这里的自我管理，并非与万物分离的自我行为，而是必须要接受党的领导。倡导财务人员自我管理，就是要求财务人员站在自我立场上，自觉地贯彻执行党的路线、方针、政策与制度。要端正个人与党、国家、集体利益的关系，尤其是在个人利益与其产生冲突的情况下，要无条件从属于党、国家、集体利益。规定的制约作为他律，即使非常完备，但若无人知晓，无人实施，也没有效果。只有发挥人们的主观能动性，有意识地学习、落实制度，才能使他律内化为自律。这一内化过程要求个体自我管理能力不断增强。

主要自我管理作为一种管理手段，在企业中得到了普遍运用，并发挥着越来越重要的作用。自我管理方式包括：第一，增强自我认识能力。财务人员管理纳税人资金，要以为国家、为人民负责的原则，适当地行使手上的权利。作为财务人员应认识到自身的能力，并不断地学习和进取，与时俱进，满足岗位工作需求。第二，增强自我约束能力。财务人员要构筑心理防线，克服诱惑，踏实做人，严谨行事。作为财务人员，天天都在联系大量资金，关键是要管住自己的手，不贪心，不贪财。第三，增强自我评价的能力。财务人员在日常工作中要注意总结和反思，对自己的思想和行为做出评估。作为财务人员，时刻注意日常的一言一行，清楚哪一项任务是正确的，为什么能够做好，需要深入思考、深刻分析自己做错了什么，原因是什么，避免出现类似情况。第四，增强自我教育的能力。也就是要自己教育好自己，积极肯定自己正确的一面，也要直面工作中存在的缺陷，想办法纠正。关于自我教育，财务人员要成为有道德的人才，任何时候都必须有意识地按职业道德规范来制约自己。

4.从制度角度出发，建立健全保障高校会计人员职业道德的制度体系

（1）完善会计法律制度及职业道德规范，加强会计职业道德的制度保障

会计职业道德，是会计法律制度正常发挥作用的社会与思想基础；而会计法律制度则是推动会计职业道德规范得以形成并遵循的制度保证。加强对会计法律法规体系的建设，是会计工作中必须重视的问题。现行会计法律制度所不允许的任何会计行为，均为会计职业道德的谴责行为，但是与会计职业道德相悖者，并

不一定与会计法律制度相悖。因此，健全会计法律制度可从增设具体、可执行的、违反会计职业道德的规定入手，厘清违背者应负的法律责任，以赋予法律属性为手段，强化法律强制性。另外，会计职业道德规范也应不断地补充和完善，具体要以财政部门为基础，以会计职业机构为龙头，结合各个行业会计行为特点来制定、发布和监管。在这些会计主体中，高校应被单独列为一类，根据高校会计人员执业的特点，制订实用的会计职业道德准则或者标准，可以为提升高校会计人员职业道德水平提供可靠制度保障。

（2）完善高校内部控制制度，减弱会计人员的机会主义倾向

内部控制制度就是通过对产权进行定义，合理分配财力、物力和人力使其之间产生的博弈规则。健全高校内部控制制度，以公正、合理的产权界定与约束，弱化会计人员机会主义倾向。具体说来，可在如下几方面加以改进：首先，进一步健全不相容职务分离制度，合理设置会计和有关工作岗位，明确责任和权限，形成一种相互制约机制。其次，要健全授权审批制度。高校内部各部门必须行使职权，并承担相应责任，这就需要高校的授权，并且教师、学生和员工还须在许可的限度内开展业务。授权审批不当，是造成近年来我国高校经济舞弊案频发的一个重要原因，各院校应结合实际工作的需要，给予授权，建立高效的授权和批准体系。第三，强化内部审计制度建设。高校要设置内部审计部门，审查和监督会计人员的执业行为。内部审计就是监督、检查、考核内控制度质量与成效的工具，同时，也是确保会计资料真实性、完备性的重要举措。

（3）健全高校会计职业道德的外部监督机制，提高违背职业道德的社会成本

外部监督机制是对内部控制进行补充控制，能有效地改善会计职业道德的总体环境，加大高校会计人员违背职业道德的社会成本。因此，必须强化高校会计职业道德建设力度，确保会计职业道德水平不断提高。强化高校会计职业道德，要多角度全面考虑。健全高校会计职业道德的外部监督机制，以明确外部监督的主体为主，明确监督的职责。建立与健全内部监督体系，通过制定相关法律法规，明确各单位负责人的职责和权限等方式，进一步强化高校会计工作秩序。目前，对高校会计职业道德的监督主要是各级财政部门承担，但由于财政部门负责的领域众多，事务性工作纷繁复杂，对高校的规制极为有限。我国应参照国外实践经

验，在会计学会、总会计师学会和其他职业组织中成立会计职业道德委员会，使之有权利监督和审查各类院校及其他事业单位会计职业道德；审理与会计职业道德有关案件。同时要加强对各单位负责人和会计人员的职业道德培训工作，提高他们的道德水平。另外，还应呼吁各级负责教育、文化、科技和其他党政部门互相配合，将对高校会计人员职业道德的监管列入管理计划。同时还应该加强社会监督力量的作用，使他们成为高校会计职业道德监督者。再者，要厘清各级组织、广大人民群众和新闻媒体监督的权力与义务，使社会各界合力塑造健全的外部监督机制，为做好高校会计职业道德建设工作营造出良好的环境。

第四节　高校预算管理的创新实践

一、高校预算管理的定义

（一）高校预算管理的定义

高校预算管理是高校按照预算目标进行管理，对于今后某一期间财务收支计划应进行管理的经济活动。它既不同于一般意义上的企业和事业单位的预算管理，又与行政机关的预算管理有所不同。其中包括预算编制、预算审查与审批、预算执行、预算调整、预算分析、预算考评、预算监督以及其他一系列管理活动。

（二）高校预算管理的原则

从总体上看，高校预算管理必须坚持"量力而行、收支平衡、效益优先、兼顾公平"的原则；在收入预算中遵循"积极稳妥"的原则；支出预算坚持"统筹兼顾、确保重点、勤俭办事"的原则。

1. 预算管理总体贯彻"量入为出，收支平衡，效益优先，兼顾公平"原则

"量入为出、收支平衡"是预算管理对收支预算的根本要求；而"效率优先、兼顾公平"则是预算管理对预算资源进行合理配置的基础和标准。以效率优先为原则，学校在分配预算资源时应考虑公平；在进行预算分配时，一定要立足全局考虑。

2. 收入预算坚持"积极稳妥"的原则

高校应把握当前发展教育的良好机遇，挖掘教育潜力，并积极扩大资金来源和收入，加强对预算编制工作的管理。在预算编制中，学校的各项收入均按有关规定纳入预算，不得疏漏和高估；并充分地考虑影响收益的因素，达到不漏算、不重复的要求；实行"积极稳妥"的方针，实现收入预算项目清晰、数字精准。

3. 支出预算坚持"统筹兼顾，保证重点，勤俭节约"的原则

高校支出预算是建立在收入之上的，一定要量力而行，不应超越学校综合财力，进行"赤字"预算。编制各预算项目数据应当具有客观依据，应充分反映学校办学方向，反映各学科之间的区别，满足学校今后发展的需求。在一切从实际出发，厉行节约，勤俭办事的基础上，分清轻重缓急，统揽大局，突出重点，合理安排和利用好各类经费，最大限度地发挥资金价值。

二、当前高校预算管理存在的问题

尽管目前高校实行的是"统一领导，分级（分类）管理，集中核算，项目控制"的财务管理体制；积极推进"重心下移，责权下放，绩效考评"相结合的财务运行机制，但是因为没有健全、科学的预算管理制度与方法，造成了高校预算管理的效果不尽人意。高校出现资源配置不够合理；资产重复购置、闲置浪费比较严重；资金使用效益难保障；没有考评奖惩等多方面的问题，不利于达到"权责明确、行为规范、管理严格、监督到位、激励有效、服务优质"的财务工作目标，难以实现学校教学、科研的全面协调和持续健康发展。

目前，我国高校预算管理一般包括两级，即向上级财政部门或上级主管部门上报的省级部门预算和对内全面实施的校级综合财务预算。无论是省级部门预算还是校级综合财务预算，都存在编制方法欠科学、编制范围欠完整、管理手段不先进、预算执行不严格、执行结果无考评的状况。

（一）高校预算缺乏全局性和前瞻性

高等院校预算在国家预算中占有一定的比重，预算管理在高等院校财务管理中占有重要地位，是学校进行教学资源配置的工具，它是学校开展一切财务工作的先决条件与基础。高等院校要按照学校事业发展的需要，结合综合财力的情况，

制定中长期财务收支计划，学校事业发展规划也一定要符合财务收支计划。但研究发现，现在多数高校未能把预算管理和事业发展规划融为一体，未能以全局观与长期观相结合的观念来看待各级政府在各个时期为高等教育所确定的奋斗目标与任务，也没有制定相应财务收支计划，只是依据事业发展计划和任务编制当年的财务收支计划，在高校办学规模日益扩大的今天，高校经费供需矛盾比较突出，高校的年度预算各时期预算之间缺少有效连接，已不适应事业发展规划。预算虽对公共资源配置的职能发挥有制约作用，但对于学校事业发展规划的扶持度不足，甚至和事业发展规划相矛盾。

按照我国《预算法》《预算法实施条例》等规定，高校预算按照"二上二下"程序实施，即：高校省级部门预算根据相关法规编报完成，先由高校实名制上报截至当年10月31日的在校预、专、本、硕、博等各种层次的在校生人数和截至8月31日的在职在编职工人数（即一上）；然后由省级财政厅、教育厅审核确认高校上报的在校生人数和在职在编职工人数，再由财政厅、教育厅根据生均定额标准下达预算控制数至高校（即一下）；高校据此编制本校省级部门基本支出预算和项目支出预算上报（即二上）；最后由财政厅、教育厅根据核定的预算控制数下达高校年度执行预算（即二下）。校级预算则是按照学校下发的《关于编制20XX年校内综合财务预算的通知》要求，实行定员、定额管理和专项申报审批管理：先由高校校内各部门填报基础信息，归口管理职能部门测算相关收入和支出预算，再由财务部门汇总后测算编制校级预算草案；然后，由学校财务部门征求校内各部门、教代会代表团（组）长、财经专家委员会等的意见和建议，修订校级预算草案，报学校审批后下达控制数；再由校内各部门根据控制数编制执行预算，财务部门汇总形成校级预算方案；最后经学校审批同意后下达各部门预算执行数。

但是纵观上述预算编制程序和要求，就存在先天不足，具体如下。

一是《预算法》《预算法实施条例》只粗略地规定了高校编报预算的编制原则、目标、范围、方法和要求，而缺乏更为详细的规章制度、办法和措施予以保障缺乏具有针对性科学合理的编制方法和程序予以指导，预算编制体系不健全，法规不完善。

二是预算时单纯依学生人数或在职在编职工人数按定额"一刀切"，没有考虑各校的实情，无法做到区别对待，这种编制标准和编制方法是不科学的。

三是编报期限短，不管是省级部门预算还是校级综合财务预算都要求下级单位在 1—2 个月内完成，且不含附属独立核算单位的预算，这样预算编制就无法做到周到、细致，因而导致编制内容不完整。

四是编制模式僵化，编制程序死板，没有根据高校未来的发展趋势和实情进行充分论证；简单列报，无法做到科学合理；预算编制不严谨，具有很大的盲目性和草率性。

五是预算一经确定，就不得调整，但学校发展日新月异，各种新情况新要求随时出现，如果按年初计划情况安排的预算进行，就难以面对发展、面对挑战，难以适应现实，导致预算缺乏全局调控机制。

（二）高校预算编制存在的问题直接影响了预算的执行

1. 预算编制与执行分离，预算无法控制，财务工作的"指挥棒"失灵

部门预算在财务工作中发挥着"指挥棒"的作用，要按照部门预算的规定，落实高校各事业的经费收支。但是从实践来看，因为管理体制不合理、编制方法不科学、现行制度与现实脱节、财政投入不足、银行贷款不确定，导致部门预算不准，预算内容不够全面，编制部门预算不能客观表现学校财务收支的全貌，也没有反映学校工作重点及发展方向，特别是在执行过程中科目之间随意调剂的现象比较严重，违反了预算法"严格执行预算，严格控制不同科目之间的资金调剂"的规定。预算无法控制，部门预算也丧失了约束力，财务工作的"指挥棒"失灵。

2. 预算执行无法按照财政国库集中收付制度改革规定程序运行

根据预算外资金"收支两条线"管理以及国库集中支付改革、政府收支分类科目改革和财政综合部门预算改革的相关规定，国库集中支付要求单位预算具体、准确、完整。但在各高校目前两本预算以及多渠道筹资的情况下，只有预算内的拨款部分可以通过国库支付程序运行，如在编人员工资实行财政直接支付，其他商品和劳务支出均采用授权支付方式。其余预算执行根本无法按照财政国库集中收付制度改革规定程序运行。

3. 高校预算的虚假平衡

高校预算的虚假平衡，使预算执行结果无法评价，导致财务信息失实。实际

上,自实行部门预算改革以来,高校部门预算只是依靠以部门编制为主的"被动"预算。由于高校资金来源及其运用的多元化,上级主管部门批复的预算与校内执行的预算实施方案无论在可用财力上,还是在支出项目、标准、范围、额度上都存在很大的差异。许多因银行贷款的不确定性而未能进入高校预算盘子的支出,都会影响高校财会人员对预算执行结果的分析。加上高校学生多,教职工多,一些因国家政策或事业计划和任务发生重大变化的、不可预见的开支就会非常频繁,致使财务人员对预算执行结果进行评价时缺乏参照物,导致财务信息失实。

(三)预算考核不完善,缺乏评价奖惩机制

在我国高校现行的预算管理体制与会计核算模式中,高校财务部门承担着预算编制、分配、核算与分析等工作,其主要功能仅仅是对预算经费支出票据是否合法进行审查与监督,检查报销支付手续是否齐全,预算经费是否可用等,最后负责年终决算工作。根本就不会对其所管理的预算是否进行科学、合理的编制,预算执行的是否严格,预算分析到位与否,决算评价的是否具有科学性和有效性等方面进行严格考核奖惩。

高校虽然内设了监察审计等部门,规定了其应当履行对学校综合财务预算编制、执行等的监督检查评价职能,但由于缺乏有效的预算监督管理和考评奖惩制度,根本没有发挥其应有的对预算编制度、预算执行、预算结果等进行相应监督检查评价奖惩作用,即便发现有的部门预算编制或执行有问题,也是不以为意,应付工作,预算绩效考评全是空白。有的高校为加强财务管理,提升管理水平,确实制定了相应的预算绩效考评办法,但其考核期限、时点、标准、程序、结论及奖惩等较为粗略和模糊,即便是进行考评也基本上是含混应对,难以落实到位。这样导致高校预算绩效考评制度只是制定、执行了,却没有实际作用,不对每年的预算安排及执行在实际工作中是否适合高校自身实际、是否真正有效、能不能达到预期目标进行监督评价,从而导致预算绩效考评制度成为一纸空文,起不到任何作用。可见高校预算绩效考评奖惩缺位、奖惩不严甚至无奖惩已到了需要治理的地步。

(四)银行贷款的不确定性,导致预算收支虚假平衡

银行贷款存在不确定性,这使得高校的部门预算无法反映债务预算、基本建设预算等资本性支出,则会造成预算收支的虚假平衡。

如今,高校资金主要是用以保障日常经营所需,仍无法适应高校基本建设、设备购置以及滚动还本付息的要求等等,所以高校还必须通过从银行贷款和其他办法来筹取必要的经费,资金供求矛盾成为高校扩招后一种特殊筹资方式。高校通过银行贷款筹措资金是合理的。但是受银行贷款不确定性影响,部门预算未能把收支负债、基本建设等资本性支出列入综合预算,这样就不可避免地造成预算收支虚假平衡。在金融政策持续调整的背景下,国家对于高校贷款的管控在逐渐加大,银行对于高校贷款的管理也变得更加严格,一旦高校无法从商业银行得到新的贷款,就会导致严重的资金短缺,那么预算也难以达成。

三、构建高水平预算管理机制的路径研究

凡事预则立,不预则废。"不谋万世者,不足以谋一时。不谋全局者,不足以谋一域。"对于一所高校来说,省级部门预算或校内综合财务预算代表高校某一阶段的工作重点和发展方向。数字里有政策,确定了数字,就确定了政策。数字包含轻重缓急,哪一个项目该做,哪一项工程不应该做,这就成为了一个政治问题。因此,强化预算管理,严格控制支出是高校切实提高财务管理水平的重中之重。

(一)高校预算绩效管理体系构建的基本思路

高校预算绩效管理体系要兼顾高校战略规划与年度工作重点和内部各单位每年的工作目标,也要按照财政部的规定和教育部发布的《高等学校财务制度》,建构高校预算管理。

以绩效预算为依托,优化高校预算管理体系,也就是将绩效的概念引入到预算的各个环节:自编制预算起,就以绩效目标为依据,确保资金分配合理;在预算执行期间,做好监督工作,通过信息反馈系统对预算绩效及时评估,确保预算支出的高效进行;最后,预算绩效评价预算执行结果,并且对评价结果进行应用,为后续年度预算编制提供指导。

建设高校预算绩效管理体系,需要坚持目标管理的原则、部门预算原则和绩效控制,实现预算编制中事权与财权的一致性,单独制定校级预算、院级预算及

专项经费。同时加强预算绩效评价体系建设，建立一套全面反映学校发展战略要求的绩效考核指标体系。对高校现行预算管理模式进行优化，建立和完善预算管理的组织结构、预算信息系统，科学制定定额标准与滚动项目库，以此来适应预算绩效管理要求。最终把绩效纳入预算流程，对于预算的编制、预算的执行、预算评价与反馈等各个环节优化设计，建设高校预算绩效管理体系。

（二）构建高校绩效预算管理的原则

想要高校绩效预算管理成为可能，需要改变传统预算管理在高校中的局限性，把绩效与预算有机融合，增强预算约束力。为此，如果确立以"用钱要效益"为目标的预算管理模式，就必须以目标管理与部门预算为两大支柱，对预算执行实行全过程监督，建立顺畅的信息反馈机制。

1. 目标管理原则

由于目标管理的先进性，它已普遍应用于高校的战略管理。在高校预算管理中，目标管理处于核心地位，构建科学系统的目标体系，是绩效预算管理能够有效发挥作用的必备条件。目标既可以分解，也可以综合，目标体系可以划分为高校整体的战略目标，也可以细分为各个部门的目标。目标体系的构建与实现需要通过一定的方法来完成，其中，首要任务就是按照高校战略规划，确定战略目标；再围绕高校总体战略目标，明确教学、科研、后勤和其他部门的目标；最后明确每个部门每一个人所要达到的特定目标，形成高校总体目标、部门目标、个人目标多层次多维度的目标系统。

2. 部门预算原则

部门预算控制力强，在高校绩效预算管理中处于基础性地位，具有重要意义。实现目标管理、项目管理的实施与绩效评估都需要部门预算的支持。在传统预算体制中，实行的是"一年一预算，预算就一年"，如由于年初预算编制得不合理，那么在本年度的工作中，预算管理人员则要进行很多后续调整，预算严肃性无法得到确保。采取部门预算，在某种程度上，解决这一问题的产生。部门预算中规定，预算经上级批准后，学校要按预算执行，不可任意调节，要预算约束性、严肃性得到保障。与此同时，预算透明度得到提高，能够有效地预防预算执行与分配过程中的违规行为。

推行部门预算，不仅是预算管理体制上的改革，而且给财务管理提供了新思路。传统的财务管理是"重决算、轻预算""重编制、轻执行和控制监督"。将部门预算编制的重点放在收支计划和收入分配上面,而不是注重于支出管理与成本控制。实施部门预算,完善了传统预算编制,以及改正了预算无法在工程中具体实施等缺点。部门预算不仅可以将政府各职能部门在年度内的收支任务明确下来,而且还能使各级财政部门之间形成一个相互制约、协调发展的机制。部门预算需要将预算编制细化为具体项目,这是为了能确保经费的合理分配,但是,还必须就预算项目的操作性、时效性及具体含义进行审视与剖析。传统的预算管理方式是"一管就死,一放就乱",校内各院系之间存在着各自为政现象,而部门预算则可以较好地解决权利分配问题,通过以目标为中心内容,使得各个部门之间形成以共同目标为导向的竞争与合作关系。

3. 预算监控原则

高校绩效预算管理实施过程中,实现对预算执行情况的全程监控,是绩效预算作用得以实现的保障,监测预算,就是要确保预算执行正确、高效。通过实现预算执行与预算监控相分离,建立了一套较为完整的预算管理体系,能对预算的执行过程进行更加有效的监督。

预算过程监控,就是依据对各个部门所设定的目标与指标体系,对预算执行效果及实施情况进行全程监控,以便及时、准确把握预算执行与目标之间有无偏差。同时,运用绩效评价指标评判预算是否合理,以透明、顺畅的反馈体系回馈管理层,为下一年度预算资金分配提供依据,逐步完善预算管理体系,提升预算效率。

(三)高校预算绩效管理体系的运行

预算绩效管理基本过程为事前绩效目标管理,事中预算进行控制管理,事后预算结果绩效评价,以及应用预算评价结果。以绩效为中心,让预算管理构成闭环,每个部分都是后续部分的延续,以此落实全程管理。

高校预算绩效管理体系以绩效和预算整合为核心,因此对于它的建设来说,应该把绩效作为导向,先做好预算绩效目标的确立,再对每个学院部门单独的绩效预算,最后,评价各个部门预算执行结果绩效,并参照评价结果制定下一年预算。

高校预算绩效管理过程可简要概括如下。

第一，在制定预算前作出决定，设置绩效目标，明确目标和实现目标的途径以及所需分配的资源。如果没有明确的战略目标，则无法有效组织实施各项工作，也就难以保证预算目标的实现。因此，编制高校预算要立足于中长期发展框架，把长期的目标和短期的任务合理组合，对今年应达到的指标进行全面展望，以及对达到上述目的的途径与支出总量进行控制与安排，等等，形成对总资源的期待。

第二，通过优先考虑各项目的规划的可行性与紧迫性，合理分配总资源，设置高校预算。可通过评价高校要做的项目，衡量其所需投入成本和期望产出效果，并根据总体战略优先权进行排序，为合理配置高校资源奠定基础。

第三，高校预算编制后，应保证投入预算执行期间，各院校按既定目标顺利地开展活动。这就要求预算控制环节必须建立阶段性成果，相对于预期标准的对比机制，正确计量投入产出关系，形成预算执行管控。

第四，预算结束时评估产出效果，也就是开展预算绩效评价，并且对评价结果进行应用，作为编制下一年预算和作出决定的基础。预算绩效考评是一种以过程为导向，通过事前控制来实现事中监控、事后分析与改进的管理工具，具有很强的操作性。高校应制定预算绩效评价程序、方法与标准体系，并把其成果应用到下一步决策与实施中。

（四）预算绩效目标的制定

制定合理的科学绩效目标，既是预算绩效评价推行的根本前提，更是高校预算绩效管理能否成功运作的关键所在。因此，建立科学合理的预算绩效评价体系对于提高财政资金使用效率，提升办学水平具有重要意义。高校各院系编制预算前，都要制定部门预算绩效目标，因此，制定预算绩效目标是高校开展预算绩效管理的工作源泉。

1. 制定预算绩效目标

在高校财务管理中，预算管理处于中心地位，财务管理的职能之一是提高高校资金使用效率。高校资金使用效益是通过其职能反映出来的，具体有科研水平、人才培养与社会效益等。制定绩效目标要从上述3个方面考虑，预算编制环节制定绩效目标；注重绩效目标管理；整合绩效目标和预算编制；注重预算编制前期绩效考评工作，在绩效目标中起到导向作用。同时要通过分解，具体化到制定部门目标，来实现高校绩效总目标，并且使得各个部门的目标能够协调一致，有助于高校发展目标的实现。

每一所大学均有其战略发展目标，而绩效目标是以战略发展目标为基础，即高校对预算期短期结果的期待。绩效目标可以分为宏观层面和微观层面。制定绩效目标均是以高校战略目标为指引，改变过去对长远发展目标视而不见的状况，推动高校持续发展。

2. 建立方案库

高校制定完绩效目标之后，会有多种多样的实现目标的方案，这时，就要求对每个方案的投入和产出进行预测，从而找到最优方案。

首先，建立备选方案库，收集多种可以实现目标的方案。

其次，测定每种方案的成本和绩效。通过对每个方案所需投入资源进行测算来预测成本；通过衡量每个方案的关键绩效指标的实现程度来预测绩效。

然后，确定最优方案。对方案库中各项方案的成本和绩效按照优先顺序进行排序，并综合考虑外部因素，如风险、不确定性、时间因素等，选择出最具竞争力的方案。

最后，确定具体的项目计划。根据选出的最优方案制订出详细的计划，为预算编制提供合理的基础。

3. 测定绩效成本

高校推行的预算绩效管理，要求绩效成本具有科学性，也就是对高校按照绩效目标进行相应业务活动所消耗资源进行量化。高校绩效成本包括组织结构成本、人力资源成本、财务成本等。对绩效成本进行合理确定，应把活动作为目标来归集有关资源耗费，并且根据权责发生制的依据进行确认与核算。同时，对不同类型的组织机构、部门、岗位及其职责也应分别设置专门的成本核算科目。针对高校进行人才培养、科研及其他活动所产生的真实成本费用核算，应实行权责发生制，排除本期支出不涉及有关事件的费用，并将以前支出但在本期耗费的部分以及本期实际耗费的部分纳入核算范围。核算出真实成本费用，才能给高校现实预算绩效评价打下良好的基础。可按直接费用与间接费用的分类汇总绩效成本，按绩效目标划分各自与教学绩效成本相对应的科研绩效成本与社会服务绩效成本，对直接费用进行归集。针对学校日常经营管理过程中产生的各种支出项目，可直接将其归类到相应的支出科目下。水电费、行政管理费和其他支出,通过间接费用账户进行汇总。同时还应该将其他项目支出纳入绩效管理范围内。在进行绩效成本测定后,绩效成本表可用细化表格汇总,明确显示每项活动的每道工序所产生的成本,以便于在以后的预算执行中进行控制。

(五)高校综合预算的编制

各高校的综合预算,应该科学合理地满足各部门、各院的需求,使得高校的教学活动有序开展。在实际执行中,有许多涉及教学、科研等方面的事件发生,它们往往会影响到整个学校的正常运转。例如,行政部门的管理职能;各级学院开展形式多样的教学活动与科研活动;后勤部门执行规定常规保障类任务等。其中,在教学经费中安排一定比例的资金作为专项补助金来使用,是一种比较普遍且较为有效的办法。这类事件的设置具有层次性,以层级划分为标准来确定受益范围。在不同层级上进行服务对象的选择时,应根据实际情况确定哪些是需要的人,哪些是可以获得的物。在学校一级开展的活动,受益对象是整个学校,属学校层级事权;二级学院提供的活动是针对不同层次学生的需要进行的服务,属于学院层级的事权。

事权与财权保持一致,是大学及其内部各二级部门履行职能的需要,高校要赋予各个级别单位相应的财权,由此产生以校为单位的经常性收支预算、由院级为单位的定期性收支预算与专项经费预算构成的高校分层级综合预算编制模式。

1. 校级经常性收支预算的编制

编制校级预算要体现学校层面财务收支计划,以及相应的资源调配活动;按照权责发生制原则进行收支项目分类,确定预算编制范围及标准。校级预算由校级可控收入预算与校级支出预算两部分组成。校级支出预算以全校的资源需求为基础,跨院系的需要安排事权,以及对二级单位事权补贴。

校级支出预算编制范围为学校层面可控制的资金安排,也就是以学校所能调节的财力为对象来分配。目前,在我国高校管理体制改革不断深化的大环境下,加强校级支出预算管理工作具有重要意义。按支出对象,支出预算可划分为人员经费支出、个人及家庭提供补助的开支及公用经费。

人员经费由基本工资、津贴与补贴、绩效工资、离退休人员工资、社会保障费等组成。编制人员经费开支时，学校当年教职工基本情况应在基本信息系统中获得，并科学推测下一年度的人事和工资变动情况，计算人员经费支出数额。按实际发生数乘以一定比例计算出人员经费支出预算值。对个人和家庭补助支出的预算编制与人员经费支出的预算编制的准确性要求都很高，可用定额法编制预算，并由所设立院校的基本情况加以衡量。要确保预算的科学性，必须从基础工作抓起。各预算执行单位应当通过对本部门以往预算执行数据及当年基本情况进行的同步分析，来确定编制当年预算。

关于人员经费预算编制问题，基本人员信息应加以搜集，包括各类教职工的数量和职称，同时与基本资料库内支出定额标准、补贴标准及补助比例的确定相结合。

公用经费的主要内容是日常办公费、邮电费、交通费、业务费、设备购置费、维护费、招待费等。在高等教育事业快速发展和办学规模不断扩大的情况下，高校公用费用的需要也呈逐年增长的趋势，这不仅导致了学校整体教育成本的增加，同时也加大了财务风险。校级可控公用支出预算至关重要，公用支出经费的支出问题关系到高校发展目标能否实现。在我国高等教育事业蓬勃发展的情况下，如何科学合理地安排各项公用经费的使用成为一个值得思考和研究的问题。合理配置预算资源的绩效预算编制模式有待应用，"效率优先，兼顾公平"是资金分配的基础。

各二级预算单位向校级预算报账的经费，总结出的资金需求很可能会超出校级可控资金，这就要求预算管理委员会对所提出的经费申请进行研究调整，根据项目库进行优选，结合项目的重要程度及表现进行排序，并计算各项目的具体开支，合理安排资金预算。

2. 院级经常性收支预算的编制

院级预算应由二级单位的人员编制，确保预算编制的专业性。按照事权和财权相统一的原则，院级预算收入属于同级可控收入，院级预算由在二级单位内部进行授课、科研和对外服务等的资金组成。各学校科研经费和其他专项资金的收支，不纳入院级预算。

对于院级公用经费的预算编制，各预算执行单位应当采用符合其性质的管理方法，按不同类别来编制预算。科研类院校可以参照一般高校的做法，将各项费用按其所占比例划分为基本支出和专项支出两类：教学类院系应以学生数量、专业类别及其他要素、生均综合定额的编制为依据，决定各部门正常的教学业务费；行政职能部门按照本单位职能设置，以人均定额为基准、以业务为中心，建立专项定额标准，明确政策办公经费；科研和生产部门则依据各自的任务、人员及设备情况制定相应定额标准，合理分配各类费用支出；后勤经费应视学生人数、房舍面积和保洁面积而定，结合历史成本数据，使用不同的计量标准来进行测定。在此基础上，建立"校园两级"预算编制模式，将各二级学院划分为若干子区域，由学校统筹分配使用资金。落实院级预算，能够有效调动各个部门的积极性，提升资源配置效率，科学利用教育资源。

3.专项经费预算的编制

专项经费，是学校为教育事业的发展与建设所附设的限定性经费，按来源可分为校内专项经费与财政专项经费。在高校财务管理中，要加强对专项经费使用过程中存在问题的研究与解决。专项经费不应列入校级、院级的经常性收支预算中统筹使用，应运用成本效益分析法编制专项经费项目预算。各部门向学校申请专项经费，应提供计划说明书、项目必要性和可行性的分析报告，列出具体的支出明细及测算依据。预算管理办公室审查呈报项目并拟出方案，所采用的方案应当列入工程库，便于以后按轻重缓急进行排列，高效协调高校资源分配。

总之，各高校在总体安排高校综合预算编制时，必须先确保人员经费和日常公用经费，之后再按照预算管理委员会核准的项目进行编排，拨付专项经费预算。

（六）预算执行和绩效控制

在新预算法中，财政预算支出首次被引入绩效评价，从法律层面看，它改变了过去"重收入，轻开支"的局面，开始关注财政资金的成效，预算强调"绩效"。预算支出绩效评价是指通过分析政府各部门、单位的财政经济活动及其结果，为提高资金使用效率和效果，改善公共服务质量而开展的一系列财务行为或管理活动。在预算执行中引入绩效的理念，旨在对资金运用过程进行监督管理，以及对经费使用效益进行评价。

就高校预算绩效管理而言，过程评价在管理预算执行过程中起着决定性作用，它的本质是在预算的执行上，以业绩表现的测量为桥梁，在预算支出期间，对项目计划执行进程和资源匹配进行跟踪控制。透过绩效信息过程评价，能够合理评判预算执行质量与效率，确保预算严格遵守既定目标，发现问题及时整改。

1. 建立事中绩效报告和跟踪监督机制

想要增强高校预算执行效果，员工的绩效监督是一个必不可少的要素。对于金额较大的项目工程和重要部门经费，要重点监管，并以其为关键点，对其进行绩效监督。其中，预算绩效管理办公室发挥着十分重要的作用，预算管理办公室、审计委员会和绩效评价委员会是不同的。预算管理办公室对预算的执行进度进行监督，对每个预算责任单位的项目实施进行管控，保证开支符合绩效目标；审计委员会审查实际开支与预算的相符情况并对其加以监督；绩效评价委员会对项目阶段性绩效目标是否实现进行督导。对于重点项目，应逐一分析其绩效目标实现程度及工作进展，编写绩效跟踪报告，及时发现预算执行过程中存在的偏离，确保项目按计划进行。

2. 赋予管理者相应的自主权

在预算执行与控制环节中引入绩效评价，可以对资金运用过程进行监督管理，提高经费使用效益。通过让管理者拥有一定自主权，强化产出与成果管控，方便管理者结合实际情况变化调整预算，并对其负责。这取决于预算执行期间绩效信息能否被及时采集并加以利用。要建立相关约束机制，例如，通过执行项目签字确认，制约预算执行主体承担责任，督促他们对执行相应预算项目负责。预算执行期间，学校有权监督和检查各项预算的执行负责人，对查出的偏差，要及时改正。

在专项经费方面，它对支出范围、预算调整、结余资金的管理方面均作了具体说明，管理非常严格，学校无权统筹使用，项目负责人充分拥有所分配资金的使用权，学校无自主权，这就对专项资金管理造成了一定困难。由于高校承担着国家重大科技攻关项目和科研项目等科研任务，所以专项经费的来源主要是政府拨款。为提升专项资金使用效益，要给高校以一定的自主权，上级主管部门可赋予高校对专项经费的预调控权，可以将下达项目经费中30%的资金留给学校统筹安排，让各校更灵活地结合院校实际继续使用专项经费。在项目完成并通过验收时，预算绩效较好。在合理的限度之内，专项经费结余资金可用于弥补高校经费短缺，促进高校积极参与经费管理，达到提高高校经费使用效率的目的。

（七）预算绩效评价

在整个预算绩效管理体系中，预算绩效评价体系处于核心地位，这是与传统预算管理模式不同的，构建一套合理的预算绩效评价体系，具有十分重要的作用。

高校预算支出产出效果即为预算绩效，预期效果和实际结果的比较，可以通过预算绩效评价来揭示。高校预算绩效评价的目的在于科学、正确地反映预算的执行情况，并与预算绩效目标进行比较，对各院系预算执行情况和高校资源使用效果进行合理评估。目前，我国高校预算绩效管理还处于探索阶段，在此过程中存在着许多问题。一方面考察高校资源配置总量与高校实际资源需求的契合程度；另一方面，要分析其配置结构和分配方式是否科学合理，以保证资源得到高效利用，发挥最大效能。为了达到以上目的，只对预算结果进行评估是不完整的，预算绩效评价指标体系也需要构建，要对高校预算执行中存在的具体状况，资源配置的效率，高校预算支出产生的经济效益、社会效益和对高校长期发展的启示进行全面评估。预算绩效评价既可作为对执行情况进行评价的依据，也可就下一年预算编制工作提供咨询意见，进而健全高校预算管理体系。

1. 评价内容

高校预算评价应在预算管理过程中注重绩效信息反馈，绩效和预算的编制、预算执行以及预算绩效评价的三个预算管理环节有机组合，切实提升高校预算资金运作质量。

预算绩效评价指标既包含预算管理结果评价，也应根据不同预算活动，设计更恰当和更合理的指标。具体包括：关键绩效指标、业绩表现衡量指标及综合绩效指标。

预算绩效评级指标从不同层面上选择时，侧重点各有差异，但均可从规范统一框架体系中寻求适当指标。通过建立上述三个级别的指标，能够使高校预算绩效评价更具有可操作性，并且结合具体的情况，使得评估结果更加接近于现实。

按照高校预算编制内容进行划分，预算绩效评价内容可分为部门预算绩效评价与专项经费预算评价。部门预算绩效评价指标应以教学单位、后勤单位、行政管理单位和其他方面为对象进行单独设计；专项经费预算评价指标设计应遵循"成本效益原则"。

2.部门预算绩效评价指标的设计

对部门预算评价指标进行设计时,要考虑不同院系和单位的选择,应各有侧重,但均可从规范统一框架体系中寻求适当指标。各高校应结合自身定位,在各级指标上选择关键指标。

从指标选择来看,既要学习国外高等教育的先进经验,又应从本国高等教育的实际情况出发。公办高校是非营利性的事业单位,高校的输出就是培养本专科生、研究生等,并进行有关科学研究,不能单纯用货币与经济指标来衡量。同时预算绩效评价指标体系设置要和学校发展战略目标挂钩。

3.评价标准的选择

在计算出各院校综合预算的绩效后,可以通过评价标准对比核算来发现问题所在。预算绩效评价的标准应具有可比性、科学性与适用性强等特点。通常有社会标准与历史标准两大方案。

社会标准作为横向对比,一般以全国平均水平为考核标准。我国高等教育发展不平衡,对此,有必要建立全国性的社会标准来衡量区域内高等学校教育教学水平。对于高校而言,其社会标准可从教育部官方网站发布的综合计算各项指标的全国平均水平统计数据中分析得到。在此基础上,通过比较不同类型高校预算绩效评价指标体系中各项指标之间存在着的差异性和相关性,从而得出我国各高校预算绩效评价体系应该具有代表性和一致性的结论。但是各个院校在硬件配置、师资队伍、学科设置等方面有所不同,致使社会标准可比性较弱。因此,就像前面所说,可以运用社会标准,基于高校的分类和评价体系,使同一类院校采取有可比性的评价标准,然后对高校预算绩效进行精准评估。

历史标准是指以往资料的使用情况,是纵向比较的方法,标准通常是该校历史上最好的数据。历史标准具有可比性较强的优点,也可以用多年的资料来分析趋势,全面分析近年来高校预算管理水平的变化。

(八)评价结果的反馈与运用

预算绩效评价旨在改进预算管理的缺陷、提升预算管理水平,因此,应注重绩效评价结果应用。对于预算结果和目标的不同,有必要对其差异成因和绩效低下进行剖析,可为下一年预算编制工作提供意见。

高校有必要改变以往主要依靠控制进行管理的方式，要注重激励与引导。建立约束和激励机制，这是预算绩效管理得以成功推行的关键，更是让预算绩效评价成果发挥作用的关键环节，可以在根源上避免预算管理流于表面。

预算绩效水平的高低可以为下一年度预算分配金额提供参考，校财务部可以基于本年度预算绩效考核的结果，对下一年度预算编制情况进行调整，促使业绩良好的部门得到更多资源，使其扮演更重要的角色。业绩较差的部门需考虑予以纠正，或适度降低其资源配置；如果后果很严重，也要对责任主体进行问责，这样的有助于进行成因分析与完善。也可把表现突出的部门经验大面积向高校推广，同时对业绩较差的部门提供改进建议，推动资源更合理的分配，让资金向效益更好的部门流动。

推行预算绩效管理，能使效益高的部门取得更大收益，使之获得更好的发展。同时，对于表现不佳的部门可以发挥监督作用，并有针对性地对其进行分析和指导，学习绩优部门的经验，提高自己的预算执行水平，推动高校预算管理水平的全面提升。

预算绩效管理能够有效地提升高校预算资金使用效率，解决有限教育资源供给和高校发展资金需求之间的矛盾，从而确保高校的长期健康发展。在西方发达国家中，政府和社会组织已将预算绩效评价引入高等学校，并取得了显著成效。已被实践证明，预算绩效管理作为一种新型预算管理模式，能够有效优化资源配置，再加上最近几年我国颁布了一系列关于预算绩效的相关政策，均说明预算绩效管理在我国保留推行的可操作性在不断增强，也一定会不断提高我国高校的预算管理水平，提高中国高校办学质量。

第五章　高校财务管理创新与现代技术的结合

本章主要基于三个方向对高校财务管理创新与现代技术的结合进行了介绍，分别是大数据与高校财务管理创新的结合、云计算与高校财务管理创新的结合及区块链与高校财务管理创新的结合。

第一节　大数据与高校财务管理创新的结合

一、大数据时代的高校财务管理现状与模式变革

随着互联网不断地更新换代，"大数据"这个词正在渐渐为大家所认识。信息技术和互联网的发展使得人类社会进入信息化阶段，大数据作为一种全新的信息技术开始出现在我们生活中，并成为推动经济、政治及文化等各方面快速变革与创新的动力源泉之一。随着我国社会经济的飞速发展，大数据的作用也日益凸显出来，对各行业都产生了深刻的影响，尤其是教育事业。目前我国许多高校已经意识到大数据对高校财务管理工作的重要性，不过仍存在很多不足与缺陷。大数据时代已经来临，与此同时，也使得高校财务管理面临着全新的机遇与挑战，各大院校要认识到财务管理所处的新环境，不断追求自我突破，以适应大数据的发展，实现财务管理工作的创新。

（一）大数据时代高校财务管理现状分析

随着大数据时代的到来，国家对于高校的政策进一步放宽，使得高校办学与管理自控权增强，高校的财务活动向着多样化、复杂化的方向发展，其财务管理建设进入了攻坚时期。大数据作为一种新型技术，它能够将学校中的大量信息进行收集分析并通过计算机处理后提供有用的决策支持，为高校提供更加科学高效的管理方法，从而实现教育教学的目标。财务管理是高等学校高效运转、谋求发

展的重要基石，大数据运用和高校财务管理之间如果不能及时进行有效的衔接，必然影响到高校财务管理的效率与服务质量。

当前我国高校的财务管理系统相对落后，使用的企业资源计划（ERP）和其他信息手段，大多是事后加工。这种管理模式虽然能够有效提高工作效率，但却无法实现对整个流程的全面掌控。因此，高校应积极利用现代信息技术加强财务管理工作，以提高资金使用效益，从而增强学校的竞争力。如何利用信息化技术来提高高校财务工作效率是当前高校财务人员需要思考的一个重大课题。当代高校财务管理环境给高校财务工作带来的要求是更加多层次的，在这样的环境中加快对各种资料的加工和应用，对于高校的财务管理工作来说越来越紧迫，也越来越重要。

财务软件无法满足当代高校财务管理工作的需要。在此环境下，财务部门要想提高工作效率就必须建立一套科学完善的会计核算系统。在实际应用中，由于各单位使用的系统平台不同或存在差异等因素，导致大量原始财务数据无法保存并及时反馈给决策者，这就严重制约了学校财务管理水平的提高。传统手工记账的基本财务数据都是通过财务人员"翻译"原始凭证来完成，对采集的资料进行二次加工，然后按相应的要求传递汇总，构成数据库，该数据库里主要是结构化的数据。目前的会计信息系统能够很好地开展结构化数据类型的财务工作，而非结构化数据通常会被忽视其价值，庞大的数据源所蕴含的丰富价值尚未得到完全发掘，导致信息不对称，经济业务的全貌也未能得到充分展示。例如高校教研人员在购买了器材之后，财务部门按照真实性的原则对其进行登记入账，但这一过程并没有体现购买价格变化的原因，它仅是采购人员与供应商之间利益协调的产物。在信息化高速发展的今天，学校财务工作中使用到的各类数据越来越多，这些数据不仅数量大而且种类繁多，如何有效利用已经存在或即将产生的海量信息资源，实现数据共享成为当前急需解决的问题。传统的单一数据整合方式并不能很好地适应高校财务管理长期发展的目标，现有财务软件已无法适应当代高校财务管理的需求，高校迫切需要一种把结构化数据和非结构化数据进行统一集成的工具。

财务管理模式急需转变。目前国内许多高等院校都建立了自己的数据库，并且开始尝试在学校财务管理中运用大数据分析技术。在数据规模越来越大的今天，构建一个以"大财务"为核心的新型管理模式已成为各高校发展之需。高校的财务管理模式在会计核算、财务控制、财务决策支持等若干层面上都存在着不足。一些学校的预算执行情况也难以被准确掌握。目前很多高校在财务管理流程中仍然以事后保证为主,在事后算账时财务部门与其他有关部门之间缺少及时、有效的联系,不利于财务管理工作的进行。这就要求高校必须转变传统的财务管理理念和方法,建立科学高效的财务管理体系,进一步提高管理效率。尽管引进先进信息技术用于预算编制、财务分析、资金管理等,但是工作质量却没有明显提高,甚至出现财务失控的现象。高校财务报告更多趋向于为国家的教育部署服务,难以体现真正意义上的办学竞争力。外在环境的改变与高校本身财务管理模式存在的弊端共同作用下,再加上许多高校财务人员对大数据应用能力较弱,形成高校财务管理工作低效的尴尬局面。

财务数据服务水平不尽人意。从目前来看,我国高校已经建立起一套较为完整的会计信息系统,为高校提供了大量的财务和非财务数据。在高校财务管理工作中,基础数据处于根源地位,对基础数据进行有效的处理,对于财务管理工作来说,毫无疑问是一个重要的保障。然而,虽然高校已经建立起较为完善的内部控制制度,但对于财务数据的管理仍然存在着许多问题。高校在基础数据采集、甄别、辨别方面还达不到综合高效的水平,大量的数据价值密度不高,财务和非财务数据共生。同时由于高校的财务数据众多、财务管理流程比较复杂,处理后的二代数据流转传递时,财务信息丢失的概率比较大,与当前财务信息综合性的需求不相适应。此外,在资料披露和产出部分,高校财务管理部门仅重视财务分析报告的产出,常常会忽视数据反馈出来的信息。为了适应大数据时代,高校对于财务数据提出了更为宽泛的要求,财务数据服务的改变是很重要的。

(二)大数据时代高校财务管理模式变革

随着大数据分析技术的发展和成熟,其在高校财务领域中发挥着越来越重要的作用,为高校财务管理带来新的活力。大数据时代已经来临,这给我国高校财务管理现状的完善带来了可能。我们必须抓住这个机会,对大数据时代高校财务管理模式转变提出如下建议。

1.运用大数据技术辅助财务软件

就某项经济业务而言,原始凭证是对已发生事件所保留的较详细资料。随着信息化时代的到来，财务工作变得更加便捷高效，但这一过程却忽视了原始凭证所记录的内容及其作用，从而使得原始凭证难以发挥其应有的功能。例如，原始单据、合同、影像和其他非结构化的财务数据不能收录到数据库，且在这些资料后面，其价值同样被忽视。这就需要借助大数据分析技术，通过挖掘各类结构化和非结构数据，实现财务分析的科学化管理。通过对大数据概念的研究，结合目前高校管理的现状，提出基于大数据环境的财务管理体系构建的思路及方法：大数据时代，高效地使用数据仓库，进行数据计算、数据架构与数据共享，将分散存储于各部门数据库中的结构化与非结构化数据联系起来，利用工具进行再整合和分析；成立相关的绩效评估小组，就各种资金投入和财务政策进行客观分析，最后发布财务分析报告。通过这种方式能够使管理者更加准确地掌握学校的财务状况、经营成果和发展趋势，为决策获取依据，提高管理效率和管理水平。这样能更好地为财务分析报告使用者及决策者服务，财务管理在高校的发展进程中，也能够得到更多的关注。

采用决策树归纳算法，并对其中存在的不足做出一些改进，可获得学生交费、欠费的最终决策树。该方法首先将学校各部门的收费信息转化成为数据集，然后对每个属性采用决策树算法进行训练和测试，从而找出最优分类规则。此后，针对学生缴费和欠费的差异，可以对学生的恶意欠费行为进行精准的判断，并在适当的时候做出相关的决定，使得高校财务管理工作能够有条不紊地开展。

所以，对高校财务管理中的其他领域，同样也可通过专业人员来制定合理的大数据应用方案，逐渐由单一财务管理体系过渡到综合财务管理体系。

2.探索高校财务管理新模式

大数据时代对财务管理模式提出了新的要求，高校必须从管理理念、管理模式、管理手段等方面进行全方位改革，要加强对高校内部管理流程和方法的研究。鉴于目前高校财务管理存在控制不力的问题，应搭建财务实时共享平台，使高校内的各个学院职能部门的数据与接口标准趋于一致。通过对财务数据进行分析整理，可以实现资金使用效率最大化。例如相同的资料被不同的部门所加工，根据相同的数据规则对其进行变换，使各个部门之间的数据共享与交换得以及时实现，降低资源浪费，还能对财务动态进行实时综合把握。通过此系统，可以实现学校与各个二级单位之间以及院系之间的资金流转等各项业务活动，使高校的财务工作更加规范有序。同时，高校财务人员也可以根据自身工作经验，结合大数据分析方法，制定出适合学校发展战略的决策。例如对于科研经费，从项目的申请、预算、审查等经费支出环节，财务部门均要从严核定，实际业务信息必须进行精确的验证，避免核查不当造成的财务问题。同时，还需将财务数据与其他相关信息相融合，形成完整的综合数据报表，以便于决策者做出合理决策。财务人员在大数据时代，势必要知识储备丰富、专业技术能力强，有时候甚至要求具备对数据的价值进行实时分析的能力。随着大数据分析与数据挖掘技术在各行业的广泛应用，传统会计已经无法适应现代企业经营管理需求了。财务人员除了要具备坚实的财务管理知识基础，更重要的是要不断更新自己的知识体系，深刻认识大数据内涵与发展，精通财务大数据处理能力与技巧。不但如此，高校管理层还应该看到大数据技术所带来的巨大影响，培育大数据管理意识，经常邀请专家来培训财务人员，组建复合型财务管理团队，这样才能对资料进行有效的搜集、整理和分析，以及从这些关键信息中抽取信息，然后处理数据，让大数据管理介入财务决策。

3.提高财务数据综合处理水平

高校财务管理工作存在时效性不足的问题，其主要原因之一是不能迅速、高效地分析基础数据。随着信息技术的不断发展，大数据技术已经被应用于各个行业之中，并发挥出了巨大的作用。大数据技术具有可以集中处理、分析数据等特征。通过对大数据技术的研究，下面提出了几点关于加强高校财务管理的对策建议。一是在基础数据采集完毕之后，要以基础数据是否完善为标准，构建相关基础数据库，注重管理基础数据；同时要注重对基础数据进行统计分析，从而为后续管理提供便利。二是统计产品和服务解决方案软件的使用，统计分类基础数据、分析各类资料的特点，准确定位，改善财务数据质量，注重财务和非财务数据分类，对非财务数据关键信息进行筛选整合，弥补财务数据仅能表示货币数字这一缺陷。

筛选后的资料，在加工过程中，要严格防止有效信息的丢失，设立一个健全而周密的数据传递中心，形成统一、标准的数据传输机制。通过对企业财务报表进行持续追踪，从不同层面、维度对财务信息的可靠性、完整性等方面进行评价。在最后产出财务报告之后，更重要的是确保持续性的追踪服务，对上报用户的行为决策或者反馈信息进行关联分析，为报告使用者提供更完整的数据证明。

应当指出，在大数据应用中，风险和机会共存，高校作为一个具有社会公共服务属性的机构，其财务数据也是一种极其灵敏的信息，所以应该具备数据安全意识，在数据处理各环节中，根据会计信息系统工作体会，合理设定使用权限，为高校财务数据的管理提供保障。

二、大数据时代高校财务管理信息系统构建

信息时代的来临，不仅改变着人们的生活方式，同时也使各行业的工作方式发生了变化。这种情况下，高校的财务工作模式也随之发生变化，工作范围得到显著拓展和延伸，超越了传统会计的定义，对信息的要求也越来越高。因此，高校财务信息化建设成为当前我国高校财务管理发展的必然趋势和客观需要。这需要高校管理部门利用大数据思维和技术，科学地建设高校财务管理信息系统，创立一套科学绩效评价指标体系，对财务风险进行预防和监测，优化学校办学资源，提高高校管理水平。

所谓高校财务管理的信息化，是高校财务管理部门借助信息化的手段，整理大学内部的财务信息，建立财务信息系统，提供充足、准确、及时、集成、综合的财务信息资源，提高财务工作效率，提高资金利用率，让财务人员摆脱繁重劳动，进而提升财务工作质量。随着经济全球化进程的不断加快，高校管理制度也在不断地改革和创新，财务管理信息化成为现代学校管理的必然趋势。就现状而言，我国高校财务管理信息化正在快速推进，但是，也还存在着制约发展的问题。

大部分高校都已开始财务管理信息化建设，但是财务管理信息化建设需要持续地发展和更新，就目前情况而言，开展结果仍不理想，财务人员的任务还比较重，效率需要进一步提升。

在高校中，学生占据着重要的位置，但是目前大部分高校仍未设置直通学生个人信息管理的终端，这样使信息输入变得更加困难，需要耗费很多人力进行统计，工作量大。由此可见，高校财务管理完全信息化水平还有待提升。

信息化水平不断提升，高校财务管理信息系统也会越来越完善。在高校内部建立财务信息系统是大势所趋，也是当前各高校管理改革中的一项重要举措。但是，从已运行的系统来看，它多用于完成记账凭证、工资发放及学生住宿缴费查

询，在决策支持方面作用薄弱，根本无法适应高校财务管理精细化发展的要求，制约着高校财务管理的完善。

(一)大数据时代构建高校财务管理信息系统的必要性

1. 构建高校财务管理信息系统的影响因素

很多因素都会影响高校财务管理信息系统的建设，其中以下三个因素的影响较大。

(1) 遵循新会计制度的要求

随着高等教育事业的快速发展，高校的办学规模不断扩大，其经费来源渠道也越来越多，这使得高校财务管理面临着巨大的挑战。新时期高校财务管理的首要任务是控制预算、高效实施，切实做好决算编制工作，把学校财务状况如实地反映出来。在这一过程中需要加强财务人员素质建设和职业道德培养，提升他们的综合能力，增强其责任心和使命感，为实现高校财务管理目标打下坚实的基础。此外，在会计核算方面，需要根据国家政策进行调整，以适应新形势下对高校财务管理工作提出的更高要求。此外，高校应提高资产配置的效率并加强监管，尽可能规避财务风险、细化财务支出、严格执行标准。修订后的高校财务制度和会计制度等对于高校日常财务情况有明确规定，并对其细化核算。此外，在财务管理方面也要做出详细的规范和要求。

高校在新时期必须把握好这个契机，科学打造财务管理新体系，由以往核算型系统转向管理型和决策型系统，达到各项财务科目细化的目标。在做到财务预算的前提下，会计核算和财务分析及其他工作一体化，实现上下级数据一致，增强预算和决算可比性，推动预算编制科学化、精细化，提升财务预算的执行效率，让会计职能更好地发挥作用。

(2) 为学校领导决策提供有力的信息支持

学校的任何一项管理工作，都必须依靠财务信息来引导，所以，财务部门一定要做到适时、高效，为领导准确地提供财务信息，为领导做出准确决策打下基础。随着高等教育改革的深化和现代科学技术的发展，高校管理正面临着一个重大变革——由传统管理模式向现代化科学管理转变。科学决策在高校治理中具有重要意义，决策科学化是由方法科学和过程科学组成的。方法的科学化，主要指决策依据的数据化、决策工具的模型化，及时进行决策反馈；流程的科学化，则意味着决策程序要设置得合理、透明和开放，决策结果经得住检验。高校财务工作作为学校管理的一个重要环节，其内部控制体系的建设对整个学校的改革和发展起着举足轻重的作用。特别在目前情况下，高校的资源整合、信息共享、挖掘潜能、优化结构是大势所迫，在此进程中，财务管理信息化发挥着不可替代的作用。

（3）财务廉政风险控制机制的前提

廉政风险防控以国家规定为依据，以增强权力规范性、消除贪污腐败和其他不正之风为主要任务的机制。目前，关于高校内部的财务管理要求就是要建立一套完整有效的内控机制。高校作为一个特殊机构，其发展过程中不可避免地会受到各种因素的影响，其中最突出的就是财务管理工作存在漏洞和问题，若不对此类问题进行有效管控，则会导致一些腐败现象的出现。国家规定，高校内部有权运用一定的内部控制管理手段。目前我国高校的财务管理工作存在着很多问题，例如内控制度不健全、财务人员专业素质不高以及资金使用不合理等，这些都严重阻碍着高校内部控制体系的建立和完善。所以，必须通过高校内部控制，实现预期要求，对违反管理规定的行为进行制止，继而促进有关条款的实施，降低人为因素的影响，强化内部控制效果，使得高校管理内部控制作用得到较好发挥。

（4）满足不同主体对会计信息的需求

近几年，财政体制改革在不断深化，高校经费来源亦呈多元化趋势，各界人士纷纷投身高校建设，这对高校财务信息管理工作提出了更高要求。传统的财务管理信息系统无法满足现代财务管理工作的需要，导致财务信息存在不完整、准确性不高的问题。为了适应不同主体的财务信息需求，新时期高校财务信息系统要提供精准的财务信息，促进信息的共享，方便用户查询。

2. 高校财务管理信息系统的建设目标

就长期发展而言，高校财务管理任务必须和现代信息技术相融结合，建设现代化的，集核算、决策支持和其他功能于一体的财务管理信息系统，符合高校发展所需的预算、资金、专项管理和其他需求，以使财务预算、执行、核算及决算实行闭环运行。财务工作和高校其他各项工作结合起来，相互促进，做到信息资源共享，保证国有资产完整，提升高校经费使用效益，促进高校教学、科研和其他工作的长期开展。

从发展目标来看，高校的财务管理信息系统建设主要可以细化为以下七个目标。

第一，将业务与财务的数据相统一，使财务工作更加规范。

第二，整合现有的财务资源，使财务与业务实现无缝对接，创建高效的财务平台。

第三，扩大财务工作范围，建立综合型财务系统。

第四，财务人员要细化管理工作，提高财务管理系统的健康性。

第五，采用现代化的技术，提高财务管理的效率。

第六，运用大数据理论，建设决策型的财务系统。

第七，根据系统的情况分级发布信息，提高财务系统的透明度。

3. 建设现代化高校财务管理信息系统的方法

在前文中我们进行了深入探讨，对大数据时代下高校财务管理情况已经有了基本认识。在此背景下，为了更好地提升高校财务管理水平，就必须做好相关系统的建设与优化工作。就目前发展状况而言，需要构建的现代化财务管理信息系统，通常可分为四个级别：建立一个数据存储中心和交换中心，对基础性材料平台层进行规范；办理财务综合业务，对其进行管理核算和决算工作；面向高校领导进行设计和运用，这一层担负监督、实施、分析和最后决策支持的功能；最后是服务门户层，主要承担服务大众的职责，让财务服务窗口作用得到较好发挥。

（二）大数据时代高校财务管理信息系统的应用价值

1. 实现"人""财""物"综合管控

搭建综合性平台，打造统一标准，建立与其他部门的合作关系，做到信息共享，建立基于"人""财""物"综合管控管理系统，提升各项资料的准确性，达到统一管控。

2. 实现预算、核算与决算的一体化管理目标

以前的财务系统是把若干项管理分开，导致管理沟通比较困难。而随着信息技术的发展，信息化手段被广泛应用于财务管理工作中，并取得了良好的效果，对传统财务管理模式产生了较大冲击。大数据时代已经来临，在整个管理过程中，从事前准备、事中控制、事后分析三个环节进行分析和控制，促进财务管理科学化、精细化，达到预期管理目的。

3. 建立服务型的财务平台

打造综合财务管理平台，推动会计工作进程，由原来核算型会计向管理型会计转变，使会计的作用得到较好的发挥，促进财务管理质量和效率的提高。在这一基础上，我们要不断优化和完善高校综合财务管理系统，以适应新形势下高校管理的需求。通过综合财务管理平台，财务人员可以和高校其他院系人员进行交流，更好地服务于学校发展；各部门协同性增强，使高校管理更加完善，高校竞争力得到提升。

4. 建立一体化的管理系统

从根本上说，高校财务管理信息系统就是学校管理部门利用现代化信息技术，对财务信息深度加工的产物，因以促进高校管理质量提高，从而达到资源共享，减少重复性工作，减轻财务人员的工作量，提高工作效率的目的。在此基础上，构建科学、合理的财务管理体系，完善高校财务信息系统，提高高校的整体管理水平和管理效率。强化高校对内、对外的交流，使业务衔接得更好，形成一个跨部门、跨组织的管理系统，建立高校管理的信息基础。

总之，在大数据时代下建设高校财务管理信息系统已经成为高校财务部门亟待解决的首要课题，高校的财务人员一定要加以重视，共同促进高校财务管理工作质量提升。

三、大数据背景下高校提升财务管理能力的方法

随着信息时代的到来，大数据技术的应用范围逐渐扩大，高校财务管理信息系统发展方向逐渐走向科技化、先进化和信息化。因此，对于财务管理信息系统和财务人员的能力提出了更高的要求。

（一）大数据背景下高校财务管理的不足之处

1. 高校建设财务管理信息系统时缺少前瞻性和可扩展性

在信息技术迅猛发展的社会大环境中，各产业不断挖掘出创新性的技术，促进了产业的蓬勃发展。尤其是随着互联网和计算机技术的高速发展，各行各业都开始运用先进的科学技术来提升自己的核心竞争力。大数据作为一种新的技术，在各行业中都得到了广泛的应用。尤其是对教育领域来说，通过大数据分析能够

有效提高教学的效率，从而提升教学质量，满足人们学习知识的需求。随着科学技术水平的提升，高校的信息化建设也得到了较大程度的改善。但在高校实际操作过程中仍有很多不足之处。其中最主要的就是高校财务管理工作的开展不够全面。例如在运用这一新型技术构建财务管理信息平台方面缺乏对于高校未来前景的考虑，未针对后续新功能进行拓展开发、优化管理平台、整合与分享数据信息的工作。这就导致了一些学校的财务管理信息系统不能很好地服务于当前教学工作以及其他各项管理工作，无法发挥出应有的作用。此外，很多高校尚未全面建成信息化、数字化的财务管理系统，不同部门所使用的财务管理系统各不相同，部门间互通性不大，较为闭塞，可拓展性较差。

2. 高校建设财务管理信息系统对财务管理决策层做出精确决策的支撑不够

当前高校多是利用财务管理信息系统来完成一些相对简单的任务，例如记账凭证的搜集和准备、查阅收支记录和账本、经费使用额度控制、工资及奖学金的发放情况等。这些系统大多是基于单机开发的，功能相对单一，且缺乏统一的数据接口。它为决策提供的支持微乎其微，在财务实际工作中也不能做到财务分析、财务规划和经费额度控制的工作内容，不能给高校管理层及财务人员一个经过客观分析的利好信息，无法为决策提供可靠支持。

3. 技术人员和技术支持能力匮乏

随着社会进步，人民群众对于生活质量要求越来越高，无论是对企业还是高校来说，人力成本都会随之提高。很多高等院校开始引进一些具有高素质且能解决实际问题的专业人才来为自己服务，以达到提高教学质量、降低办学成本的目的。但由于国内各大院校受管理制度、福利待遇等因素的影响，同时受用人成本控制以及发展计划等多方面因素的制约，难以招聘到财务综合能力较强的人。同社会上其他性质的公司和单位相比较，高校吸引力弱，竞争力不强，由此造成了高校技术人才缺乏，财务团队总体专业技术水平欠缺、技术支持能力不强、工作积极性不高、处理业务的能力较弱。

（二）大数据背景下高校财务管理水平提升的有效方法

1. 加强会计核算工作标准化

大数据技术应用的大环境中，为了加强高校财务部门管理能力建设，就应该大力推动其会计核算标准化的建设。

首先要对高校教师、学生、后勤、保洁等人员实行标准化、统一化的管理。按部门和组织架构划分服务对象，各科室编号要规范、统一，并且在该系统上建立相关的数据库。通过网络或短信等方式将信息传递给用户，以达到方便高效地实现服务工作的目的。同时，可根据不同服务要求打造与实际相符的操作平台，开发设置出对应服务要求的职能。

其次，核算基础的标准化，高校要按照国家有关规定和社会发展需要，对会计核算科目进行合理调整，继续完善科目，兼顾管理需求，结合部分新增加的创新项目，实现学校项目管理规范、原则标准化、统一化。

最后，高校要对其财务人员实施统一的标准化培训，持续提升财务人员工作与业务能力。

2. 建立和完善财务信息管理制度

为保障财务信息真实可靠，还应制定相关财务人员管理制度以及风险评估体系，确保各项管理工作顺利开展。高校要建立和完善符合发展需要的财务信息管理制度并严格实施。同时，还要结合当前形势制定科学可行的解决方案，以此来促进财务管理水平的提高。通过对财务问题的分析和总结，可以提出行之有效的解决办法，使财务信息管理制度得到进一步的完善。财务管理系统还可以借助大数据技术构建功能强大的数据库，将数据挖掘与数据检索相结合，规范财务信息管理。对每个新进入高校的财务人员，均要严格对其执行高校内部财务信息管理制度，并予以培养，降低因人为因素导致的财务管理混乱。就财务管理工作而言，有关部门要建立奖惩机制，对于工作成绩突出的职工，要进行奖励，对于在工作上违反规定的职工，要进行相应惩罚，同时将财务人员工作内容量化并细分到人，做到权责明确，把财务管理制度较好地贯彻到各个环节，切实促进高校财务管理部门工作效率的提高。

3. 强化财务管理人员综合素质培训

财务管理人员不仅要有较高的理论知识和专业技能，还要具备良好的职业道德和职业操守。在高校财务管理部门中，财务管理人员占据着核心地位，他们的综合素质，是高校财务管理工作中最重要的因素。只有不断地提高高校财务管理人员的综合素养，才能更好地适应当今时代的发展趋势。当前社会大环境下，高校要强化财务管理人员专业知识培训，要重视财务管理人员专业水平考核，增强财务管理人员财务信息管理能力。可以在如下几方面进行努力：高校高层领导要注重财务人员教育，注重专业知识培训，以确保财务团队能够跟上社会的发展步伐；财务部门出纳、会计要有财务信息管理经验，能巧妙地应用有关知识，以确保每个环节财务工作的顺利开展；鼓励财务人员取得与专业有关资格证书，注重财务人员的职业素质培养；等等。

4. 财务管理系统微信公众号的设置。

在互联网技术迅猛发展的大环境下，人们对于互联网技术在各行业的运用重视程度也在逐渐提升，借助大数据技术，研发了多种应用（App）软件包，给人们提供了方便、公共的服务平台。目前，我国许多高校已经开通了自己的财务管理系统微信公众平台，并且应用越来越广泛，给财务管理系统的管理工作带来便利。高校财务人员可利用微信公众号进行内容推送，推动财务相关人员对财务知识的学习；也可利用微信公众号与外界交流互动，了解外部情况；还可借助微信公众号服务功能，使高校职工能够自助查询和处理与财务相关的业务。高校要想实现自身管理目标，就必须重视和加强高校内部财务管理工作，利用微信工作平台来辅助开展各项管理工作，从而有效推动财务管理水平的整体提升。使用微信公众号，既能提升财务部门管理水平，减轻财务人员工作量，也简化了财务管理的操作流程，促进部门间交流、协调。与此同时，微信工作平台也要求人们理性的运营和定期的优化自身的功能，才会起到真正有用的效果。开通微信公众号，可以使得高校财务管理的工作效率得到一定的提高，并使高校降低财务管理的费用。所以高校财务部门要加强微信服务平台建设。

总之，在大数据迅猛发展的大环境下，对于各行各业业务水平都有较高要求，高校的财务管理能力还需要进行不断的加强。为了减少现实社会中各方面因素给高校财务管理系统建设所带来的负面影响，高校领导层要重视加强财务管理能力，并结合自身发展条件，采取相应而有效的措施减少负面影响的产生。此外，还应该积极利用各种先进技术与工具来提升财务管理水平和质量。高校要在大数据技术的推动下，在其财务管理工作上做出创新性突破，使得财务管理能力得到加强，与社会的发展相适应，进而促进高校的自身发展。

四、基于大数据技术的高校财务报销创新

近年来,高校教学科研规模不断扩大,教学和科研经费呈现多样化且大幅增加的趋势,而传统的高校财务报销流程重复性工作多、审批手续烦琐、效率较低,与高校不断增长的财务结算量不相匹配。大数据及人工智能技术对高校的财务工作产生了颠覆性的影响,更带来了巨大的机遇与挑战。高校财务报销工作是高校财务管理的基础性工作,可以充分利用大数据平台及新兴的人工智能技术,对高校传统报销流程进行创新性研究。大数据和人工智能技术在高校财务报销流程中的推广,不但具有很高的实际应用价值,而且能够有效提高高校财务报销效率,改善高校财务"报销难"的困境,推动高校财务管理工作的开展。

(一)高校财务"报销难"的现状及原因分析

1. 报销业务集中办理时间长造成排队等待时间长

在学校正常教学和财务正常工作中,报销是一个经常发生的环节。从整体上看,高校开学和假期的特殊性决定了报销业务存在周期性。从每年春季学期起,随着学生人数增加和课程安排调整,学校对报销业务的需求也随之增长,这一时期是办理各种发票最多的时期。新学期伊始,高校财务工作人员会在休假期间出席各种会议、研讨会,或加班对其他积压票据的集中报销。在年底阶段,因纵向科研项目(国家及省自然科学基金,重点研发计划,重大科学仪器专项)结束、年终绩效收入分配、教师和学生医疗报销与其他诸多因素叠加作用,报销数量倍增。这些情况使得一些学校的财务部门不得不为报销人"排长队",有时甚至要把整个教室都塞满报销员才能满足他们需求。这样不但会让财务人员满负荷运转,工作压力大,还造成报销人员要花很多时间排队等候,引发师生不满。同时这种不满还间接影响了财务人员承担报销任务的情绪及工作效率,造成恶性循环。

2. 原始报销发票和凭证与报销规范不符,造成重复补办资料或者退单

报销人员因个人过失,往往会递交一些不全面或者资料不标准的原始票据,比如单位名称填错了、缺乏单位税号、办公用品无税控系统出具销售清单、发票上没有加盖销售单位发票专用章、出差人员缺乏公务卡刷记录,等等。这些情况都会不可避免地造成报销人员在财务部门来回多次补料的现象,情况比较复杂的时候,也可能造成直接退单,客观上又成了"报销难"问题中的一个关键性因素。

3. 报销人员不能及时掌握报销政策信息的更新情况造成报销审核量增加

现在财务报销政策不断更新，大学几乎每年都要根据国家有关文件，持续优化报销流程。但由于制度执行力度不够，一些单位在执行中出现了"变通"行为，如出差火车票和食宿不经公务卡消费。一些报销人员由于没有掌握好报销手续流程，致使一些重要信息不能及时准确地传递给有关领导或相关工作人员。毫无疑问，这将会极大地影响财务人员对票据进行审查、整理的工作效率，还可能因为要求报销人员多次补办资料而对财务部门不满，进而产生误解。

4. 手工录入财务报销数据消耗精力，报销效率下降

报销人员每天要面对成千上万张原始凭证，如果每个月都要重复输入这些单据就很容易出错，致使财务部门无法及时了解到报销情况。对报销人员而言，每次报账前，均须就原始发票的数额、数目进行核对，对发票相应支出类别进行确认，才能录入系统。如果没有经过人工审核，则无法保证报销结果准确可靠。这让报销人员耗费很多时间与精力来对发票信息进行统计，任何一环出现问题，都会造成报销失败。同时，由于报销凭证种类繁多，且每一份都是单独打印或扫描录入，使得报销人员无法快速准确地识别发票的真伪。对财务人员而言，需要花很多时间来对报销发票数目、真假进行人工统计和筛选，不利于提高报销效率，也会导致服务质量下降。另外，由于目前报销软件主要为单机版软件，无法实现多终端同步运行，使得财务部门无法及时获取各用户的数据信息，从而影响了报销工作的正常开展。在传统的报销模式下，报销人员要逐一核对凭证上所记载的项目，再将这些数据填入记账本或其他账簿中，占用报销人员及财务人员时间及精力，更是报销效率低下的原因。

5. 报销程序烦琐和纸质审批签字困难造成报销人员费时

由于学校购置大型精密仪器等资产时，需要通过各种途径向上级主管部门申报购置金额以及购置数量，这也使得部分项目因经费不足而无法正常开展。例如，某大学科研启动经费报销通用设备（如台式计算机）：需要先登录采购系统申请，并由各处室审核人员在线签批，按核准的采购；如果核准是通过网上竞价的方式采购，也需要登录网上竞价系统购买，打印采购申请表，并加盖招标与采购中心的印章，并由经费负责人、设备处负责人，以及3名验收人员签字后，印制仪器设备申购单；如果转出金额超过十万元，还要填制大额资金审批单，由财务部门

负责人签章；在接收到所述装置时，要在所述资产管理系统中填写相关信息，并印制固定资产报增单，经经费负责人、学院资产审核人、国有资产管理部门审核。由于高校科研活动中使用的大型精密仪器大多属于贵重仪器设备，一般情况下都要申请大量的资金用于购置，这些费用通常是通过申请项目经费、课题研究经费等途径来获得。最后，带着原始发票及以上签批文件，到财务部门报销。

（二）基于大数据技术的高校财务报销平台搭建

1. 大数据在高校财务中整体应用的模型

大数据技术有 3 个显著的特征：数据体量巨大、价值巨大，数据类型多样化。在互联网时代，大数据对高校财务管理产生着巨大影响，使高校财务工作更加智能化、自动化。将大数据运用于高校财务工作，主要涉及财务学习分析与财务数据挖掘两大方面。

财务学习分析，主要指财务人员与其财务工作之间进行数据测量、采集、分析与总结，旨在了解并优化财务工作流程，重要的用途之一是对财务流程和财务数据分析进行监控和预测。财务数据挖掘则是将已有的财务数据转化为知识或信息，以帮助决策者作出正确决策的一系列过程。

财务数据挖掘旨在学习并运用统计学原理、移动互联与人工智能技术、深度学习技术与数据挖掘技术，以发现数据表面之下潜藏的规律，并且通过数据回归，预测财务工作开展中可能出现的各种问题。本书从财务数据挖掘角度出发，提出构建基于财务数据挖掘的单位财务管理模型，以提升企业财务决策能力和管理水平。它包含如下内容：财务数据分析和预测，财务预算管理的优化，研究能够提升财务运转效率的财务管理最佳模式，推进以大数据技术为依托的单位财务管理科研进程等。

大数据技术的发展对我国高校的财务管理模式产生了深刻的影响。在已有高校财务数据系统的基础上，大数据在财务流程的重构、收集、处理和分析电子票据；财务数据共享、智能识别和处理；财务数据分析和预测等领域的应用越来越广泛。

2. 大数据在高校财务报销中的技术支撑

大数据技术为高校财务报销体系提供技术支撑，主要体现为如下几方面。

首先，构建以云计算为核心的大数据平台，报销全程电子化。现行传统财务报销流程下，不同部门间纸质文件的流转和审批，往往会因为分管领导出差而使报销进度受到影响。同时，报销人也无法随时掌握每个员工所需报销的内容和时间等信息，从而造成报销手续烦琐、耗时较长。高校要适应大数据的发展潮流，构建以云计算为基础的大数据平台，实现报销、核算及支付功能于一身，使报销单据和领导签批手续全程电子化，使报销人员可以在任何时间、任何地点，通过电脑或者手机等移动设备，完成报销材料的收集、上传、储存、审批、验证等工作。同时将报销人和报销对象分离开来，由财务主管统一对其进行管理。全程电子化，可以极大地减少报销这一中间工序的复杂性，提高财务报销效率。

其次，以机器学习为核心构建人工智能平台，自动预审报销电子单据。在如今这个信息化社会，财务票据等可以转化为数字信息。人工智能时代的到来将使传统的会计核算方式发生重大变化。构建以机器学习为核心的人工智能平台，可以自动算账、记账、报账、对账、查账及报表。同时通过建立神经网络模型，可以使会计人员快速地获取出所需数据，从而提高工作效率。以人工神经网络为基础的机器学习技术，能够实现自动会计判断与决策，极大地提高了财务工作的质量。人工智能时代下，利用神经网络算法可构建出一个完整的财务报销流程体系。高校财务报销期间，利用先进机器学习技术构建的人工智能平台，可以完成报销、制单、核算、汇总和其他财务工作，这样的话，财务人员就可以把工作重点转向票据的合理性审查上来，进一步提升财务报销效率。

最后，构建以文本检索为核心的大数据平台和信息处理数据库系统，达到报销凭证资源高效管理。大数据时代，用户想要得到相关的被动数据、主动数据与自动数据有效信息服务。因此，需要建立一个以学生为中心的报销信息系统，提供全面而又准确的数据分析结果，帮助财务工作者更好地制定相应的制度。以高校报销凭证资源为目标，报销人员与财务人员均期望财务部门能够对主动数据与自动数据进行高效的采集与储存。构建一个以文本检索为核心的大数据平台——信息处理数据库系统，借助于文本检索信息加工数据库聚类检索和分析功能，编制全体师生属性报销分析资源库；借助于文本检索信息加工超强检索功能，设立报销数据资源检索系统，以便更好地与财务人员进行合作；利用数据挖掘技术，构建报销凭证的智能分析模型，为教师提供个性化推荐服务。对报销人员报销凭证资源进行文本检索，建立信息加工数据库，可以向报销人员发出不符合报销制度要求的警告。以大数据资源为依托，以数据驱动为原则，财务报销凭证大数据平台能够较好地实现报销凭证资源管理工作。

3. 大数据在高校财务报销中的应用创新点

通过对高校各院系数据库的联机对接，可以达到资源共享的优化。目前，各大高校都已建立起自己的数据库管理系统，并将其应用于财务管理工作当中。但随着互联网技术发展速度不断加快，传统数据库管理模式已经无法满足当前社会对信息化管理的需求。高校各个部门通常都会使用单独的信息管理系统以及数据库系统，但由于子系统间缺少必要的联系，系统内部数据没有进行有效集成，没有达到数据共享，就会造成财务报销时许多数据信息的重复录入，影响整合资源和财务工作效率。利用云计算等技术构建基于互联网的共享服务平台，可使各个部门间数据相互关联，从而达到资源共享、提升效率的目的。通过建立数据仓库、数据挖掘、数据分析等技术，可以把各个部门的财务数据融合到一起，形成一个完整的综合管理与决策支持系统。

通过对报销数据的比较，能够达到引导和告诫老师报销行为的目的，进一步提升报销效率。降低报销人员的退单率，更好地为教师和学生服务，是高校财务部门的头等大事。目前大部分学校的财务部门都采用了计算机管理系统来完成报销业务，但由于其功能单一、缺乏统一规范等，使得部分学校出现了报销流程不清晰、报销凭证混乱以及报销结果不合理等现象。高校财务部门管理思路应发生根本性变革，主要表现在根据高校财务报销规章制度，对近年来各报销人员报销数据（发票信息、报销类别、退单理由等）情况进行分析比较，找出一些规律。同时，利用数据挖掘技术建立一个可以自动生成报销流程和规则的大数据平台，根据这个模型自动生成新的报销规则。

通过对全校报销海量数据进行数据挖掘，可以提升高校的报销效率。总结大数据环境中全校财务报销大量的数据，可以获得更高效的资讯。从数据分析角度出发，结合学校实际需求，将数据挖掘技术引入到高校财务管理工作当中，实现对学生及教职工个人基本信息、个人信息等数据的统计分析。数据挖掘不但能揭示出隐藏在数据后面的客观规律，而且能根据以往数据预测未来趋势。运用大数据，可尝试对不同院校教师的报销数据和报销时出现的问题进行分析，由此来了解教师对于现行报销政策的认识与执行，并且可以为其他教师报销类似项目提供关联性的指导。例如，有教师报销出席国内和国外会议差旅费，那么采用数据挖掘技术，就可综合分析全校老师该报销类别所生成的数据，总结报销中出现的问题及有预测性内容，有效规避报销材料备料不足、数据录入不准等方面的问题，真正做到报销效率持续提升。

通过对报销凭证进行大数据分析和跟踪，做到对财务报销进行监督管理。在大数据时代，凭证资源除涉及海量文档，同时也涉及大量资料，因此，报销凭证的数字化是一项重要任务。在大数据平台中，一个主要任务就是利用扫描仪或者相机数字化收集和处理报销凭证和其他各种报销纸质资料，并且通过光学字符识别技术，进一步将数字化凭证提升到数据化凭证的高度，丰富凭证大数据。同时借助大数据分析技术可以有效提高财务报销工作效率。当财务人员或者报销人员要调用凭证的时候，能快速地通过数据库系统达到调用和查阅的目的，大大节约财务人员的时间与精力。在大数据平台中，第二大任务就是通过文本检索来对数据库管理系统进行信息加工，增加凭证大数据采集与解析，利用凭证大数据实现其价值。通过挖掘凭证资源，以高校教师报销信息为基础，加强财务报销预测与警示模型的构建。该方法可用于高校的财务审计工作，辅助财务工作人员快速准确地查找出潜在风险隐患并加以防范，减少不必要的损失。

通过对全校报销情况进行大数据分析，协助财务管理和审计。目前国内大部分高校都已经建立了财务报销系统，并取得了一定的成效，但仍有很多问题需要解决。高校关于财务报销的费用类型主要有日常教学经费、科研经费、医疗经费、国家财政拨款、学费和住宿费。学校每年都会产生大量的财务数据，如学生在校人数、教师工作量、固定资产折旧以及各项基金支出等。这些资料涵盖了高校教学和科研各个方面，为此，实现全校财务报销大数据的统计、总结、管理、分析和发展，能够优化高校的资源配置，提高高校资金的使用效率，增强高校成本核算意识等，可以促进高校财务管理与审计水平的提高，有助于高校的持续健康发展。

（三）基于大数据技术的高校财务报销创新过程中面临的挑战

1. 大数据技术层面面临的挑战

建立基于光学字符识别的票据识别平台，达到自动识别报销票据的目的。该系统由计算机视觉模块和电子支付模块组成，通过采集票据图像并经过图像处理后得到其字符信息，再与相应标准模板比对，从而完成票证匹配工作。光学字符识别的主要内容是图像的预处理、文字特征的提取、数据库的比较鉴别、对字词进行后处理、输出结果。以自动扫描发票图片为例，光学字符识别平台对发票上金额、货物名称、发票代码、纳税人识别号及发票专用章等信息进行一系列的识别，然后转换成财务数据，形成数据电子存档，从而节约大量的人力资源，优化资源配置，也可以让财务人员摆脱烦琐机械式的劳动。同时，光学字符识别平台向国税总局查验平台出示待核查真假增值税发票以进行核查，并对记录结果进行反馈。

2. 高校财务层面面临的挑战

尽管目前阶段高校财务报销数据规模还可以，但数据只限于各高校全体教师的历年报销资料，与大数据在其他领域的应用相比，数据来源还比较单一，区域性和全国性高校财务联网信息系统尚未建立。另外随着我国教育信息化建设进程的不断推进，越来越多的院校开始采用互联网技术对现有高校财务进行网络化管理和控制。这一系列措施，为创新型高校财务报销系统在高校中的普遍应用，既提供了契机，也提出了挑战。

在大数据背景下，高校的财务管理必须与时俱进，以便更好地满足信息技术高速发展的需要。财务报销在高校财务管理中具有十分重要的意义，高校财务报销系统充分运用大数据与人工智能技术，改变了传统的财务报销方式，使得高校资源持续优化，提高了财务报销效率，提升了财务管理的质量。大数据作为一种全新的技术手段，能够有效解决当前我国高校财务管理工作中存在的诸多问题。但是，以大数据技术为依托的高校财务报销工作仍然会面临着巨大挑战，并在一定时期内会和传统财务报销方式共存。

五、大数据时代高校财务管理的风险

（一）高校财务管理风险概述

高校财务管理就是指，高校发展目标与发展战略指导下的，校园内部资产的获取、经营、分配与管理的过程。高校财务管理的目的是减少办学风险、提升资金运转率、提高办学效益；用行之有效的财务风险规避与防范机制作为工具，推动高校可持续发展。改革开放以来，随着国家经济建设步伐的加快及高等教育事业的迅猛发展，高校的财务管理获得了长足的发展。但随着社会需求推动高校扩大办学规模，高校办学规模不断增大，高校办学成本也随之增加，高校面临着巨大的财务风险。有的大学贷款金额甚至高达几十亿元人民币，既对高校正常运行造成巨大压力，也极易造成各种财务风险，极大地限制了高校发展和进步。因此，研究高校的财务风险及其防范具有十分重要的意义。从整体上看，我国高校财务风险大致有三类，分别为债务型风险、投资型风险和流动型风险。

1. 债务型风险

债务型风险表现为高校发展各环节中存在的风险，是高校的建设以及经营的过程当中，对金融机构资金举债之和。高校债务多为从银行机构借贷，尽管这一贷款行为是目前高校发展中比较普遍的现象，且对于维护教学秩序的稳定以及缓解教学经费紧张等问题大有裨益。但如果高校不清楚自己的财务状况，过度举债，会带来非常不利的影响：一方面，加重了自身的财务负担，表现为当资金链断裂时，就会造成严重的财务危机；另一方面，为减轻债务危机的影响，某些院校盲目扩大招生规模，或违反规定提高收费标准，甚至无故拖欠偿还债务。有些高校为了追求利益最大化还会利用国家政策和法律进行不当融资行为，这不仅使学校的经济实力下降，还可能使高校资产出现流失现象。这些行为将使高校信用体系崩塌，影响高校在社会上的形象，最终使高校的发展陷入恶性循环。

2. 投资型风险

为了提高教学质量，高校在教学软硬件设施方面须不断更新与改进，引进人才、培养人才是必要的，但这类行为需花费巨额经费，如果没有深思熟虑，就投入大量的资金，则可能不只造成资金的浪费，还会使高校财务管理的风险值上升，给高校的发展带来危机。

3. 流动型风险

流动型风险是指在高校财务管理工作当中，如果管理制度和机制缺失、管理的规范性和标准性不强，那么就极容易出现各类违规行为和财务管理缺位的现象，导致财务赤字情况的发生。

(二)大数据背景下高校财务管理中存在的主要风险问题

1. 财务管理日常工作风险

目前,我国高校财务管理工作存在着很多漏洞,从而给高校的财务管理工作造成诸多的麻烦。因此,为了提高财务管理质量,必须要对高校财务管理存在的问题进行深入分析,并采取针对性措施解决这些问题。高校财务管理常见的问题包括财务管理目标不清晰、预算编制水平较低、预算执行随意性大、预算无法切实反映学校的发展计划、资金在使用中超支严重、预算制度有效性未发挥、高校财务管理约束性没有很好地体现出来等。另外,财务管理的内容也过于简单,高校的财务工作还是以算账、记账为主,忽视了财务部门财务分析、财务预测与财务管理的职能。许多财务工作人员看问题比较浅薄,对每一笔资金支出都缺少必要的效益核算,也没有进行相关的绩效评价。高校财务管理人员往往只注重短期利益,而忽视长期发展,对未来的预期过于悲观。这使高校财务管理工作无法从全局角度出发,在财务工作过程中缺乏针对性。

2. 财务管理内部控制风险

目前,尽管国内多数高校已经建立了财务内部控制制度,但由于对财务内部控制和高校的文化理念、管理理论、员工素质、人文环境等方面认识不足,造成了高校财务内部控制制度在具体执行中情况并不是很好。高校财务工作没有按规章制度办事,校内缺少必要的会计监督机制,事后审计的工作明显滞后,这些潜在的问题,使财务风险出现时,经济责任无法及时划分,追责更难。同时在高校财务内部控制过程当中还存在很多漏洞,如内控环境不够完善、监督体系有待进一步健全等。

3. 财务管理信息化风险

高校财务人员运用计算机技术工作时,对某些操作行为,常常"知其然,不知其所以然",并且存在着过于注重财务数据、忽视数据真实性等问题,由此造成高校财务工作中对互联网、大数据技术运用不到位,内部财务数据碎片化程度较高,对高校财务工作造成了更大的危险。同时对数据安全性的忽视,使得高校财务部门无法有效地维护数据安全,从而降低了工作效率。高校财务人员严重缺乏对信息风险评估与防范的能力,他们无法正确处理数据对接、数据录入和数据分析的问题,也无法阻止网络入侵的发生和电脑病毒对财务系统造成的破坏,这是大数据时代下高校财务管理工作中频繁出现风险的主要原因。

（三）大数据背景下高校规避财务管理风险的有效措施

1. 强化内部风险控制，改良权责发生制

要改变高校财务内控中存在的不良状况，重点是要在思想观念方面作出转变，明确责任主体，强调意识为先，深入开展宣传教育，逐步建立完善的财务内部控制体系。必须抓好预算工作，科学编制财务预算，把预算工作和高校发展战略相结合，并且力求做到各业务与预算之间的相应分解，以此为基础对预算管理的决策机构、工作机构与执行机构三级主体职责进行界定，充分论证项目建设目标、工程预期效益、经费使用计划的制定等，并且要求责任主体经常报告预算的执行情况，从而提高经费使用效益。同时，还要加强预算外资金监管力度，合理利用各种资源，减少不必要的支出。建设行之有效的内部监督与信息反馈机制，采用定期或不定期财务检查抽查方式，实现高校财务工作的有效管控与制约；增强经费使用规范性，杜绝徇私舞弊行为，确保风险控制措施得以成功实施。同时加强审计力度，充分发挥内部审计工作在防范高校财务风险中的作用，推动高校持续健康稳定的发展。还应注意搞好内部培训，持续提升财务管理人员的综合素质水平，增强财务管理人员的危机意识和责任意识，养成谦虚谨慎、认真负责的态度；建立实施有关责任机制、奖惩机制，用它来控制、调节有关人员的行为，营造认真、严谨的高校财务风险管理工作氛围。

2. 强化风险意识，构建全面的财务风险预警体系

高校要进一步增强风险意识，重视对资金使用情况进行风险评估，用多元化手段对高校总体运行和经费使用情况进行评价，从而对各种可能存在的财务风险问题进行事前预测。当前我国高校面临着诸多财务风险问题，包括国家政策风险、经济环境变化风险等。高校应该建立财务风险预警制度，从风险识别、评估和评级三个方面着手，计算各财务行为执行风险值，预估财务风险出现的可能性。各高校应特别重视加强金融贷款管理，跟踪监督资金运用，必须采取大额贷款备案制度、上级审批制度，借此增加高校信用值。此外，还要制定严格的规章制度，通过一系列行之有效的管理手段来降低高校财务风险发生的可能性。基于此，我国高校应继续完善风险处置机制，做好风险应对与处置措施，并给出合理的风险

处理方案，从而获得最为经济、高效的风险处置方案。

3. 加快实现高校财务工作的智能化、信息化

在大数据环境下，高校财务管理智能化、信息化程度日益提高，财务工作岗位改革与分流越来越清晰，传统的会计核算岗位将会渐渐退出历史舞台，强调事前预测、事中控制为主要管理职能的管理会计越来越显示出其重要意义。在此背景下，一方面高校应加快新型财务人员培训步伐，使高校财务人员在思维上实现转换，在能力上实现突破，从而成为财务工作方面的全能型人才，以此来推动高校财务管理水平不断提高。与此同时，还需要加强对高校财会人员的培训力度，促使其尽快适应当前的社会环境。另一方面，高校要借助互联网和大数据分析系统，使内部财务风险管理实现实时化、集中化与动态化，继续加快财务管理信息系统建设与改进，根据高校实际运行情况及需要，引进专业化的财务管理软件，建立信息安全维护体系，借此促进财务管理发展，降低风险发生的可能性。

高校必须注重在大数据环境下构建内部控制体系，不断革新财务管理理念与方式，强化对内部资金、财产与人员的管理。在实际工作中，应将信息化手段融入到高校内控管理工作当中去，不断提高工作效率和质量，促进高校各项工作顺利开展。唯有如此，高校才能稳中求进，满足新时代对人才的要求，确保我国教育事业安全稳定地发展。

六、大数据时代的高校财务预算管理平台构建

（一）高校财务预算管理问题分析

第一，预算编制与执行监督以及控制管理不到位。对高校预算编制进行合理、有效的监管不够，预算编制形式太单一，审批与监管不到位，容易在高校各部门间造成冲突，在日常管理中容易出现随意性和片面性，使得学校的各项工作无法正常开展。各个部门在对预算实施过程中也常常无法做到事前和事中的有效控制。这样会导致学校开支趋向盲目性、随机性，使得所制定的方案变成一句空话，预算的预警和督导作用很难有效地发挥出来，最后的预算只是流于表面，使得总体实施效果不够理想。

第二，财务预算管理中缺少事后的绩效评价。国内高校在预算管理绩效评价

机制的构建方面起步晚，目前尚无比较成功的经验可供我们参考，只能依靠于各个院校的逐步探索和开发。现阶段，高校预算管理绩效评价主要集中于对预算编制过程中支出效果的分析与控制方面。与此同时，绩效评价工作的范围比较广，工作量也比较大，内容较为复杂。高校绩效评价制度不健全，导致评价结果不尽人意。

第三，缺乏对大量财务数据进行处理的能力。目前大多数财务工作者都缺乏对复杂的财务数据进行有效整合与应用的意识与能力，无法满足高校发展财务管理工作的需求。现有高校预算管理无法从多层次上去分析、挖掘及计算信息资料。目前高校财务管理的建设还处于起步阶段，缺乏对大量非结构化数据的分析和研究，巨大数据源所蕴含的丰富价值尚未得到完全发掘，导致信息的价值没有得到充分利用，财务活动的本质未能得到充分展示。

（二）大数据技术在高校预算管理中的应用分析

高校实施预算管理时，要把各个部门、每个单元的原始财务数据集合起来，全部纳入数据信息仓库。各高校在数据仓库的建设中，应根据自己的实际情况，不仅要把教学、研究、学生管理和其他主要的数据集成到数据仓库，还要把上级的补助款项、下级上交的款项、学校附属单位的运作数据资料、向外捐赠或者接受捐赠及其他有关财务活动的信息统一集成到数据仓库中。这样，才能真正做到对各种数据的清晰了解，从而提高预算编制的质量。在这些数据中，融入原始数据就是要确保数据"原汁原味"，保证数据信息的完整、真实、可靠。如果没有这些数据源，就无法对数据进行加工处理。因为数据仓库中记录了大量的数据表，这些表对数据进行分析处理后就会产生相应的结果，从而形成决策支持系统。各高校可以根据数据量规模建立数据仓库的主数据库及其他有关数据库。对于学校来说，要想实现科学化决策，就必须从多个维度来开展工作，而构建数据仓库就是一种有效的方式。高校可根据自己的实际情况，确立科研主数据、教学主数据与学生管理数据信息库，比如考试报名费、学生贫困补助费、科研奖励以及其他非日常数据信息的数据信息库。通过这些数据可以构建出一个综合数据库，并将此作为高校财务管理信息系统的基础平台。以这种方式划分数据，便于高校对专项模块的数据分析，还方便他们进行投资决策分析，为高校进行预算编制管理工作提供便利。

在高校预算管理中运用大数据技术,应尤其重视数据安全风险的防范。当前高校的信息化程度不断提高,很多部门都使用了云计算等新技术,这种技术为人们提供服务的同时也产生大量数据,而这其中就包含着非常多的隐私内容。在缺乏健全信息安全防护措施的情况下,不法分子极易窃取此类数据资源。虽然随着科学技术发展和互联网安全意识的普及,人们对数据信息保护的意识越来越强,但是仍然存在着一些安全隐患。因此,必须做好大数据时代下高校财务数据信息化建设工作,确保能够更好地适应社会发展需求和市场变化。在享受大数据所带来的便捷之余,还应严把数据安全风险关,尤其在高校等公共服务性单位中,大数据的数据信息覆盖面广,信息丰富,不仅关系到教师和学生的权益,也与广大社会公众切身利益密切相关。由于高校内部组织机构复杂,管理部门众多,这就要求高校必须制定出科学合理的管理制度和方法,来保证数据信息的安全性。因而,高校在进行数据处理分析时,必须对数据的使用权限进行合理的设置,全面强化高校数据信息管理工作。

(三)构建新的高校预算管理大数据平台

1. 数据信息共享系统

大数据技术能够深度挖掘与剖析高校科研活动、日常教学、学生管理等方面的信息,并从中寻找出能够帮助并引导高校财务预算管理或者高校长远发展的途径。这将有利于高校对原有数据管理体系进行更新,推动建立大数据共享平台。在高校财务管理中引入大数据技术能够有效提高高校财务管理的效率和质量。但是国内对于如何运用大数据技术建立预算管理平台的研究还很少,理论成果还有待充实。

2. 预算分析决策系统

大数据技术具有挖掘、加工和分析海量数据信息这一特殊优势,利用大数据技术能够预测预算方案的执行结果,从而为预算决策管理提供帮助,实现预算管理的科学化、合理化。当前我国高校的财务管理模式相对落后,不能有效地利用大数据分析手段来指导学校的财务工作,导致高校的资金使用效率低下。高校应根据实际情况,把每个部门的预算结果都纳入预算方案,在总结前人管理经验的基础上,结合预期管理目标,利用大数据技术分析预算方案,及时发现存在的问题，及时提出改进措施，提高管理效率，降低财务风险。对此，数据挖掘技术是其中最为典型的一种，高校可结合数据分布情况，采用线性回归分析、置信区间分析及数据关联分析等方法分析和处理数据，对预算结果进行合理的预测，检测实际预算方案，并结合实际作适当的调整，力求保证预算方案能够满足高校的现实发展需要。

3. 预算编制审核系统

在进行预算管理的过程当中，预算编制审核特别重要。预算编制审核有利于保证预算工作的顺利、有序开展，确保预算编制的科学规范，避免出现问题。从预算编制的工作过程来看，设置预算编制审核系统，是在由预算申请向预算编制，再到预算修订和预算下达等环节中增加预算审核环节，这样做有利于发挥大数据技术的优势，形成信息化、流程化的预算审核系统。预算编制审核旨在保证预算编制的合理性和规范性，从而保证预算合理实施。

4. 预算执行系统

预算执行系统要求高校各主要业务必须有项目数据。平台对大数据信息库各主要业务数据做财务预算、核算，对各业务预算数据进行整理和归纳，通过数据分析，以及对各科室核心业务数据开展二次分析，最后确立预算项目，同时，在项目和其他项目间建立多维度的联系，形成完善的预算执行系统。预算执行系统能够对高校所有业务进行同步预算分析，并且可以显示主要预算项目间的数据联系，有助于预算的全面执行和管理。

5. 预算监督控制系统

因数据信息具有时效性，所以要对财务数据信息进行实时更新，保证数据价值能够得到充分挖掘。高校在日常经营和管理过程中，产生了海量数据信息，其中，一些数据信息在时间上的价值将延续很长一段时间，部分资料时间价值时间短暂，因而要根据实际预算管理的需要，对有关数据信息进行及时的更新。对于财务方面的资金预算，应当制订合理的计划并严格按照计划实施。同时在预算的执行中，严控预算项目，实现相关资金的精细化管理，实施实时、有效地监督与控制，坚决反对无预算和超预算。

6. 预算绩效评价系统

构建预算绩效评价系统，主要针对各个部门、单位预算编制情况作出评估，考察其预算编制是否科学化，并为后续预算编制提供经验，以支持预算的科学编制。高校可以根据自己的特点，专为科研、教学、学生管理设置预算绩效考核系统，从预算编制、预算审核直至预算执行的各个环节入手，利用大数据技术，实现财务数据信息的挖掘、加工与分析等。在此基础上，利用数据挖掘技术，将学校的各项支出与绩效挂钩，形成量化指标，将评价结果反馈至各级各类人员，以实现有效地控制经费投入，提高资金使用效益的目的。

七、大数据时代高校财务管理新动能

（一）大数据时代财务治理新动能的现代化演进

信息化不断推进，使高校财务管理现代化有了技术实现途径，在物联网、云计算、数据可视化、关联数据等技术推广的基础上，高校财务由以往的电算化逐渐向智能化方向发展。随着大数据时代的到来，高校财务的数据处理方式发生了革命性变化：从传统手工记账到计算机自动化核算再到如今的智能分析，逐渐形成一个完整的信息传递体系。大数据以其强大的信息收集、海量存储及分析应用功能，为学校财务管理提供了更为丰富、便捷的决策支持。在推动信息流、技术流、业务流、资金流和人才流的有序流转方面，大数据起到了独特的作用。在信息共享、决策支持、协同合作方面，大数据具有强大的数据分析功能和分析价值。大数据分析处理能力成为推动高校财务管理信息化发展的重要动力。在促进组织融合、机制融合、业务融合与数据融合中，大数据初步实现了财务需求和服务、资金和项目的衔接互通。在提升财务管理效率、降低运营成本、优化资源配置上，大数据正推动高校管理变革向纵深方向迈进。从财务信息共享到大数据平台建设，再到财务管理模式再造，财务治理理念发生根本性变化，财务职能也由核算管理向价值创造转型升级。

（二）大数据时代高校财务管理新动能的现实意义

大数据作为新一代信息技术，改变了传统的财务模式，它以全新的手段延长了管理链，延伸了价值链，实现了管理创新、技术创新、标准创新和组织方式的创新。同时也带来了财务管理理念、内容、流程及方法的深刻变革。大数据打破了信息壁垒，提高了管理效率，降低了运营成本，提升了服务质量。大数据对高

校财务管理的现实意义有以下四个方面。

第一，有助于高校进行科学的决策。传统的决策方式基本上是决策者凭借其主观经验与情感进行决策；从而以大数据为基础，则使每一个决策都得到了可靠的数据支持，并获取更多的、不局限于财务上的各种资料与数据。

第二，有助于提高财务管理绩效。基于数据协同的财务管理，能够明确每个部门或者项目的经费总体状况，有助于进一步完善业务流程，为创新管理模式提供新工具、新手段。在大数据技术的支持下下，通过实时记录全流程数据，可以进行财务深度分析、流程回溯追踪、决策优化等工作。

第三，有助于财务精准分析的实现。大数据模型是由大量数据衍生而来的，数据量的增加意味着包含的经验信息将越来越丰富，在模型上使用的资料越多，那么，预测的精度也越高。以大数据为基础，结合相关绩效分析模型，能够实现特定项目的财务精准分析，能够提高核算准确度，促进高校综合效益的提高。另外大数据技术还能通过对用户个人属性数据、网络行为数据、过去的服务数据等进行解析，来为用户提供精准服务，个性推送。

第四，有助于提高高校预测的预见性。大数据具有延伸性、可扩展性，极大地增强了工作的前瞻性，能够提升财务管理的实际价值，有助于财务部门对存在的问题或潜在的风险进行有效的预见，然后通过提前干预，把风险控制在最低限度，使损失降到最低。在此基础上，利用大数据分析技术建立相应的预警体系，可以为高校管理者提供决策参考依据，有利于提高财务管理水平，降低管理成本，增强资金使用效率。例如通过建模来分析用户在经费报销过程中的行为习惯和结果，对检测到可能出现的单个异常现象进行有效预警，从根本上预防财务风险。同时在大数据的支持下实现了高校运行数据的挖掘和分析，更加全面、迅速、直观地体现了高校的整体运行状况，使得高校的财务管理更具针对性和预见性。

（三）大数据时代高校财务管理新动能的影响分析

1. 对大数据时代管理思维方式的影响

大数据和数据驱动决策，改变了人们的思维方式，深刻地影响了人们的治理决策行为。首先，在大数据时代的高校治理活动中，数据已成为其核心内容。对于行政、财务、教育、科研和其他业务领域所产生的大量数据，如果尽量多地采集、汇聚并分析，无疑可以获得更准确的规律和结果。因此，在高等教育管理过程中，应将这些大量、繁杂而又有价值的数据纳入到"智慧"体系之中。其次，针对半结构化乃至非结构化的数据，无须再按统一标准格式化数据，这样就为项目的了解提供了一个更为宽广的角度。因此，将各类异构的数据系统有机整合起来，并借助数据挖掘技术来挖掘其中隐藏的信息和规律是未来大数据应用的主要方向。再次，借助大数据技术剖析海量数据之间潜在的因果关联，比较容易抓住事物间内在的基本规律。这些发现不仅为科学认识问题奠定了基础，还可以帮助决策者做出正确判断，从而有效提高管理效益。最后，与过去数据管理方式比较，"大数据治理"更加有助于推动全员参与、焕发整体活力，更好地保障组织或者个人的利益，进而提高决策的一致性、减少数据风险、确保数据安全，有利于形成科学的思维方式。

2. 对大数据时代管理方法手段的影响

大数据技术以用户需求为中心，注重数据，对大量数据进行处理与分析，从中挖掘新知识、新信息，客观上促进了治理方法和手段的转变。首先是针对全样数据，提供了一种具体的技术实现方式。大数据分析需要具备一定的软硬件平台支持，而目前最常用的就是基于网络服务器的高性能计算系统。使用大量数据对其性质和规律进行全面的阐述和发掘，可以避免大量重复性工作，从而降低系统的复杂度，提高数据处理效率，减少人力成本和时间成本，使决策更具科学性和前瞻性。其次，注重整体关系的处理，重视数据之间的相互关联性。大数据分析的结果往往具有很强的相关性或规律性。庞大复杂的数据通常表现为非线性关系，只有把全部数据看作一个整体，利用大数据技术进行处理，才能宏观地把握好数据之间的关联性，以破解由因果关系到关联性探究的困境。最后，接纳多元多样，降低数据标准需求。大数据具有开放性、共享性等特点，在应用时可以根据需求选择不同的数据源来满足自身需要。在大数据所处理的大量数据当中，非结构化或者半结构化的非标准数据超过85%。受数据采集手段及存储方式等方面的限制，在使用现有方法进行数据挖掘时不可避免地出现了许多不一致甚至错误的结果。这些不一致性与容错性缺失的资料，不能被传统数据库技术一次性处理掉，需要依靠较快的算法、较高效的处理软件，才能完成对数据的分析工作。

3. 对大数据时代管理决策行为的影响

要想挖掘大数据的真实价值，就需要在实际工作中充分运用大数据类型多样和规模大的特点。从互联网发展历程看，大数据时代已经到来。观察、感知、仿真、计算、模拟等行为正变得具有普遍性，不仅扩大了数据规模与类型，也使得过去许多未得到认可的数据资料被纳入其中。其中不仅包括传统的文本、图像、视频、音频、动画等，还涵盖了诸如时间序列分析、聚类分析、关联规则挖掘、决策树分类、神经网络预测等众多新兴数据挖掘方法。这些新资料为治理活动提供了科学决策的依据，与此同时，决策又产生了更多的数据，也给人们带来了新发现的可能性。大数据技术不仅是一种技术手段，而且还是一种思维方式。从这一观点来看，利用大数据技术，让过去不可观察的现象被观察出来，使数据间存在着广泛的关联性，这也给决策带来了可靠的、可复验的资料。因此，利用大数据分析技术进行决策已成为未来发展的趋势之一。大数据技术为我们提供了一种全新的方法，有助于我们对复杂世界进一步了解，也使得决策由单纯的模型构建，逐渐走向复杂的真实世界，克服了过去的缺点。同时，在一定程度上也使得人们获得了更为丰富的关于人类思维与认知能力方面的经验与知识。建立在大数据基础上的派生知识，有助于帮助人们制定正确的决策，有助于增强决策行为的科学性，确保管理活动走向正确方向。

（四）大数据时代高校财务管理新动能的策略选择

1. 以战略眼光谋全局，培育内生发展力

大数据时代的财务管理，重点在于战略层面的谋划，借助大数据的优势，为高校财务新管理赋能。一是目标理念新。要将财务管理置于国家管理体系和管理能力现代化背景下，构建基于"互联网＋"的财务管理模式，形成学校管理与专业技术相融合的特色管理模式。我们应该注重精细治理，注重绩效引领，并本着开放包容、合作共享的思想，建立高校财务工作新机制，使管理决策由"业务驱动"变为"数据预测"。在财务管理中引入云计算等现代信息技术和管理思想，构建基于大数据分析技术的智能化、数字化的高校财务部门管理体系。确立高校信息化均衡发展的思路，整个学校统一规划、整体建设、整体推进，实现智能感知、智慧应用、预测预警、精准服务，让为师生服务的"数据消费"行为，成为推动治理的第一动能。二是支撑平台新。通过搭建集信息采集处理、数据分析、辅助管理与决策支持系统于一体的数字化校园综合服务平台，提升学校财务管理水平和能力。运用大数据与互联网、人工智能等新技术，有机整合财务管理机制，使移动应用可以起到随时、随地、随身、开放、交互的作用，支撑一线财务人员"三随"数据资源调用的需要，使财务治理"在线化"和"实时化"。同时建立统一规范、高效运行的大数据中心，通过云计算、虚拟化技术，构建以业务为主线，以网络为依托，以数据库为核心的数字化财务管理体系。三是发展模式新。通过建设智慧校园、打造数字学校、实施数字化管理、构建云计算服务架构来促进财务管理模式转型升级。要集合全校的力量、全校师生的智慧，共同探讨，一起参与财务管理信息化进程，真正使"众创、众包、众筹、共享、共治"这样的新思维扎根于师生之中，促进财务管理模式朝着集约化、高效率、共享式的方向发展，为大数据时代实现财务管理高质量发展提供新动能。

2. 以系统思维聚合力，追求价值最大化

随着信息技术在高等教育中的应用越来越深入，传统的财务管理方式已无法适应新时代下对高校财务管理提出的要求。所以财务部门应适应现代科技的发展潮流，重塑企业内部组织与经营的关联形态。同时针对跨部门、跨校区、跨群体需求的多样化，加快财务管理智能化的进程，用系统思维在各高校和各部门之间实现数据共享、服务联动、互信互认，编织全云网，打造云算，探索云智，构筑云盾，融入智慧校园建设的整体模式，提供高质量数据服务，使数据保障更加完善。通过对各职能部门进行业务重组，打通管理边界，整合业务流程，建立起集资金管控、项目申报、合同签订、预算执行、绩效考核为一体的全方位、一体化财务管理模式。抓好关键环节，打牢数据赋能基础，优化数据赋能方式，构建数据赋能节点，从较高水平上促进财务治理向高度融合、深度挖掘的方向发展，最大限度地发挥数据的价值，合力增强高校决策能力，提高执行效率。

3. 以开放创新增活力，凸显服务时代性

高校财务管理以激发活力为重点，建构的程序是合理的，环节是完备的，管理体系是公平公开的；致力于为师生提供优质服务，一起参与管理事务，把创新驱动、绩效优先要求贯穿于整个治理过程。在高校财务管理中应用大数据，能够有效促进财务管理转型升级，提升学校发展质量和效率。所以要树立数据开放的观念，以数据为依据进行决策、实施与反馈。同时，还要在充分挖掘学校现有资源的基础上，利用大数据平台对信息进行整合共享，提升信息化水平，促进财务管理向精细化转变，从而满足多元化、个性化的财务服务需求。应该多维度、多层次地对师生需求进行细分，充分发挥大数据精准性、高效全面的关联分析功能，为财务服务多样化发展提供技术支持。在制度上构建学校、院系两级财务监督体系，加强内部控制建设，提升财务管理水平。面向财务管理工作需求，以流程再造为抓手，积极推进高校财务管理的"供给侧改革"，增强经费保障的契合度，进而完善服务方式，实现财务资源的优化配置。加强财务管理信息化建设，提升管理能力。强调财务报销服务、不见面审批服务以及其他方便师生的业务功能定制，使教师与学生均可按需、按规定灵活、方便地接受服务。构建开放、协同、合作、共赢的信息化平台，实现财务信息共享化。以数据赋能，力求让财务发展反映出更鲜明的时代特征，具有较高质量的科技支撑。

第二节 云计算与高校财务管理创新的结合

一、云时代下的高校财务管理新视角

随着云时代的到来，利用云计算技术实现财务与"云"的结合是未来财务发展的必然趋势。高校财务应充分把握云时代为高校财务管理发展所带来的机遇，利用"云财务"管理模式能有效解决传统财务管理模式中管理效能较低、财务信息凝滞、信息化成本高等诸多问题，提高高校财务管理的工作效率和水平。

（一）云时代的背景

随着现代科技的迅速发展，人类历史从知识经济时代进入到全球化时代接着迅速发展到互联网时代，每一个时代因为切入角度不同而使其定义不同。发展到现在，"云时代"这样一个崭新的时代快速抓住了人们的眼球，使我们的日常生活在不知不觉中发生了改变。云时代其实就是对云计算时代的一种简称，逐渐广泛应用的云计算技术给信息系统结构带来了一场彻底的变革。2007年，在IBM和Google宣布在云计算领域合作提出将云计算作为一种全新的商业和应用计算

方式，一经提出，云计算就火速占据新热点并引起学术界和产业界广泛讨论。在最近几年里，最基础的搜索引擎、网络信箱等云计算技术存在于网络服务中的各个角落，用户想要获得海量的信息只需要随便地输入几个指令就行。总之云计算具有强大的计算能力，操作起来非常灵敏便捷，比较可靠，且通用性极强，信息时代依靠着云计算这些无法比拟的优点高速发展。

"财务云"概念的定义最早出现在 2013 在首都举行的云产品发布上，由浪潮集团第一次确定，这一概念的提出使企业财务管理进入"云端"时代，伴随着云计算和移动互联网的发展，"云财务"时代也随之到来。在"云"的支撑下，时间、空间无法再影响到财务管理，传统核算主体也不再约束财务管理，更加清晰与专业的会计核算职能也因此显现。

（二）"云财务"的提出对高校财务管理的借鉴意义

随着云计算的广泛应用，高校财务管理人员不再受时空的约束，可以随时随地从"云"中找出所需的数据和资源来处理各种账务，财务人员在相关技术支持下，能够放心地到学院、到基层为更多教职工提供服务，达到了财务服务核心下移的目的。

根据上述原因，在未来利用网络技术满足财务管理的全部职能是高校财务工作的发展目标。缴纳学费、报销经费、结算项目、经费使用情况查询等业务不用再去财务部门办理，师生足不出户在网络上就能快捷办理，而这些都是依靠云计算的"云财务"管理模式实现的。高校可以在管理软件中便捷地加入自有的业务流程和思路，通过个性化信息系统模块的定制，使用户获取服务不受地域和终端的限制。从"云"中请求资源，在"云"中应用资源。用户可以使用普通的电脑或智能手机，利用网络服务办理全部经济业务。

（三）高校"云财务"管理模式

1."云财务"管理模式概述

将云计算应用到财务管理中形成的一种新模式就是"云财务"管理模式，传统财务管理模式中的许多问题，如低效率的管理效能、滞后的财务信息、信息化成本高等，都可以借助云计算技术的优势得到高效解决，云计算技术具有经济、高效等特点，为会计核算、会计管理和会计决策提供更高效的服务。

2.高校"云财务"管理模式的特点

"云财务"管理模式能够非常便利地实现信息的同步和共享,及高校财务数据的实时查看,对于高校管理层和财务数据使用者来说更加灵活。

"云财务"可以使用户的所有需求得到满足,它的自定义功能和个性化服务功能都非常灵活,所有的信息都是按需求提供给用户的。"云财务"能将会计分录、会计核算、财务报表等应用中个性和变化的要素转化成会计软件中的自定义功能。

在高校财务管理水平飞速发展的过程中,学校将财务管理的功能与作用提升到一个新高度——高校服务战略,学校在做重要的战略决策时起决定性依靠作用的是来自于财务的原始数据。但是目前,高校财务管理系统受到原始凭证录入较为传统以及账务查询功能过于简单的限制,在分析、归纳原始数据方面比较薄弱。由于固定格式在财务报表中的长期使用,导致其反映出的高校资产、负债情况不够细致,达不到个性化的信息的要求,致使财务管理在学校经营决策、分配政策等方面受到限制而无法发挥重要作用。高校财务管理应以教学科研为主要服务对象,把能够在规定时间内为全校教职员工提供全方位的服务作为高质量服务的标准,节省教职工的精力与时间,使他们在教学科研工作中全身心投入。只有创新服务持续升级,先进的信息系统才能被充分利用,高校财务工作者才能提供更高的服务,从而达到这样的要求。

超大规模的"云"是云计算为商用提供的,网络基础设施和软硬件运作平台是用户搭建信息化所需要的,都由"云"来提供。高校不用购买服务器等昂贵的设备,可节约大量的购置成本;也不用为维护计算机和应用程序的升级而付费,可节约运行成本和维护成本。

(四)云时代为高校财务管理发展所带来的机遇与挑战

首先,财务管理效能的提高依赖于知识经济和网络技术在云时代下的飞速发展,在云时代下的财务管理模式、财务管理手段产生了质的变化。

随着科技的不断发展,计算机技术也在不断进步,电子信息技术在财务管理中被广泛普及和应用,并在财务管理中占据着至关重要的地位。信息化时代进程的动力源于发展迅猛的计算机技术,这也促进了财务管理在模式和手段上的持续创新和改革。从管理模式上看,知识经济不但拓展了财务经济活动空间,还改变了经济活动方式和财务管理模式。以往局部、分散的财务管理模式正在逐渐演变成远程处理和集中的财务管理模式,数字化和网络化在经济活动中越来越重要。与此同时,互联网上的在线办公逐步取代了传统的地点固定式办公,现在的办公方式逐步地向着借助互联网的在线办公、远程办公、分散办公和移动办公转化。财务管理在运行方面的成本在很大程度上有所下降,财务人员的工作效率得到质的飞跃。从财务管理手段上看,财务管理在使用互联网技术的基础上不再受时间和空间的限制,工作人员能够在线及时处理财务信息,使财务管理工作的效率在新的运行方式中得到了提升。

其次,"云财务"使财务人员的角色类型发生了变化,财务管理在高校战略决策中占据的地位也越来越重要。

财务人员由于烦琐、复杂的高校财务工作,不愿意参与到其他的事务性工作中,他们似乎只专注于核算会计凭证和编制会计报表等本职工作。但实际上,从"幕后"走到"台前"是所有的财务工作者在工作过程中的强烈愿望,让自己放松下来,让财务的生产力不再受约束,从机械的审核原始凭证工作中脱离出来,使自己的财务数据分析和处理能力得到不断的提升,为高校的发展献出自己的一份力量。传统的业务流程在云计算技术的介入后发生变化,在财务基础业务的运作过程中,要用经济、高效的方式提供标准化的服务,这样使财务人员的工作量在很大程度上有所减少,财务人员的工作内容除了是审核传统的原始凭,还要对财务数据进行分析研究。最后,"云财务"管理模式对财务流程进行再造,使高校内部财务协作得到强化。

随着云计算的日益发达,高校通过信息流使内部的财务工作建立起良好的一体化体系,每个部门的合作都非常有秩序,使高校资源配置合理化,达到可持续发展的战略目标。传统的在网上操作会计核算中的工作,使财务人员签批原始票据、录入原始数据而成为数据的处理者,工作内容对于财务人员来说没有创新。现在的预算汇报工作有所不同,各部门将自己制作完成的预算电子表格提交到财务部门,再由财务人员负责将这些预算电子表格手动汇总到一起。财务部门在"云财务"模式下,在"云端"中创建一个平台让每个部门把预算电子表格放在独立的文件夹里,预算平台将自动汇总各部门录入的预算数据。传统的财务报表存在格式固定,信息量少且许多信息不对称等缺点,这不利于高校管理层及时了解财务运行情况,导致管理层制定与实施重大决策时有所偏差。"云财务"的出现很好地解决了这个问题，高校管理层在"云财务"模式下，可以利用自定义功能便捷地查询到自己所需要的财务信息，更为便捷的是，按部门生成的会计报表也可以为各个部门主管提供查询财务信息方便快捷的服务。

最后，与传统财务管理模式相比，"云财务"管理的运用既是机遇也是挑战，新的"云财务"解决了许多中"旧"的问题，但是"云财务"毕竟是一个新概念，有些地方还不成熟，存在许多问题需要解决，需要一个漫长的过程来被普通大众接受并广泛应用。第一，在当下，云计算还是个"雏鸟"，技术仍然不够完善，依靠云计算技术打造出"云财务"这种高效的财务管理模式，其计算标准及法规仍然不够完善，因此在云计算数据安全方面没有明确的引导方法与标准。第二，财务人员在财务工作中，首要任务是确保财务信息的安全，在"云财务"模式下，"云端"能够完成一切财务信息的储存、程序的应用等工作，高校财务信息在"云端"中的安全无法得到保障，极大影响了高校大规模使"云财务"管理模式的信心。第三，"云财务"管理模式在高校中的推广与使用受到了其对新生事物的接受程度的影响。可以说高校财务信息化变革体现在依靠云计算的"云财务"管理模式上，其财务的运作与管理流程与之前相比是一次全新的变革。高校财务人员需要做好迎接高校财务管理云时代到来的准备，不断地主动学习，在思想上保持创新的思维模式，时刻关注云计算的最新动态，及时获取最新知识。

在新的网络环境下，高校财务管理从传统的财务管理模式经过不断发展和完善，进入云时代下的新模式——"云财务"管理模式。高校财务管理在云时代下由于云计算的出现及应用进入了一个新阶段，即使云计算在技术上还不够完善，但是循序渐进，不断摸索、完善是所有事物发展的规律，当云计算变得成熟，关于云计算的相关法律、法规的建立健全以及相关标准出台后，相信很大部分高校会开始尝试这种新模式，使高校财务管理工作效率和水平显著提高。

二、云计算背景下的高校财务信息化

在互联网时代，高校财务信息化建设问题逐渐成为高校财务管理中不可忽视的部分，这一工作的开展逐渐与新兴技术相结合。基于此，下面对云计算背景下的高校财务信息化进行了探讨，分析了高校财务信息化建设现状，并对其中出现的问题进行了论述。同时，还阐述了如何在云计算背景下实现高校财务信息化。

目前，在高校教育方面，我国不断增加财政投入，高校发展得也越来越快。但是，我国在建设高校财务信息化工作中存在着一些问题，如力度不强、没有做好基础工作等，这些都阻碍了高校财务管理工作的有效开展。所以，加强高校财务信息化建设是重中之重，其中云计算技术的使用，使信息化建设发展得更好。

（一）以云计算为背景的高校财务信息化

在互联网时代，云计算技术是一种吸引眼球的新兴技术。计算机和互联网成就了云计算技术的应用，通过计算大量的"云端"数据资源来完成云计算技术。云计算是一种按照使用量付费的计算模式，美国国家标准与技术研究院曾对云计算定义做出的解释：云计算可以提供有效的网络访问，并且能进入计算资源共享池。所以，可以迅速提取相关计算资源。而在此过程中，并不需要过多地投入管理工作，服务运营商也无需提供大量交互。

目前，高校财务管理工作的开展还存在一些不便利的问题，这是大多数高校财务信息化的程度不高造成的，与此同时，财务信息化在我国高校建设得比较晚，云计算技术并没有完全融入其中，这导致我国与之相关的法律法规、技术标准以及安全保障都不够成熟。高校财务信息化在发展过程中缺乏云计算方面的理论知识和实践经验。因此，在云计算背景下，高校财务信息化发展还有很长一段路要走。

（二）高校财务信息化建设中的需求和问题

1. 高校财务信息化建设中的需求

高校财务信息化在高校财务工作开展过程中有着至关重要的作用。但是，高校是一种教育机构，它与一般营利性企业还是有所区别的，建设高校的财务信息化与企业要求不同，高校的财务信息化工作开展过程应该符合国家有关规定。

（1）高校财务信息化应实现资产管理的相应要求

任何高校都由许多学院和相互独立的组织部门构成。在高校，资产管理人员、资产使用人员以及财务部门都是相互独立的。这就要求高校在财务信息化资产管理上加强统一建设，建立健全财务信息管理系统。

（2）高校财务信息化应根据不同需求具备相应功能

高校的财务管理极大地区别于企业财务管理，具体体现在财务系统设置与财务核算流程上。而且，由于高校有寒暑假，此时的信息系统和财务系统处于关闭状态。在政府财政的监督管理下，建设高校财务信息化也有个性化要求，使高校财务收支也可以在一定程度上自主支配。

（3）高校财务信息化要在使用方面满足高校需求

每到年后，高校财务工作量就会增加，财务人员需要完成几十种财务报表的提交工作。所以，为了减轻财务人员的工作压力，就必须加快建设高校财务信息化，减少财务人员的工作量，提高工作效率。所以，高校财务信息化要具有实用功能。这样，高校财务工作才能通过信息化达到提高工作质量和效率的目的。

2.高校财务信息化建设中的问题

目前，建设财务信息化工作的初步效果已在许多高校得以实现。尽管这样，高校财务工作仍然有所欠缺，这是由高校财务信息化水平不高导致的。在高校财务信息化建设过程中，存在许多问题。

第一，高校的财务信息化建设没有统一的标准。顾熠在《高等学校会计信息化建设研究》中指出："我国高校财务信息化建设已经实现了会计电算化，但是还难以实现信息化系统的整合。"[1] 在国内，大部分高校根据自己的需求定制了个性化财务管理系统。而且，在同一所高校里，由于学院以及组织部门的独立性而使用不同的财务管理软件。因此，财务信息数据端口不一、应用软件的服务标准不统一等问题仍然存在于高校内部以及高校之间。如果工作人员利用不同的财务管理软件传收财务信息，那么可能由于不同软件的数据传输规则不同，导致所接收的财务信息出现差异造成财务数据无法使用。这样不利于工作人员共享和应用信息，使财务工作的质量和效率有所下降。

第二，设备老旧导致高校信息工作效率低下。高校应该购买有关的信息化基础设备实现财务信息化建设。欧阳玲在《高等学校财务管理信息化的现实思考》中指出"我国高校财务信息化面临着软硬件选择应用不合理问题"。C/S、B/S架构和多层级应用系统是高校财务信息化系统的主要开发模式。在系统完成财务数据库的加载任务中，设置多台服务器是至关重要的步骤。财务系统软件的操作及中间层软件的运行都要依靠服务器实现。一般情况下，财务数据对高校来说是非常重要的财务信息，要求绝对保密。高校需要在数据平台上安装防火墙、数据备

---

[1] 顾熠.高等学校会计信息化建设研究[D].大连：辽宁师范大学，2013.

份、杀毒软件等，严防数据被泄露和窃取。不过大部分高校信息设备严重老化，也不更换维修，就会阻碍高校财务信息化建设。

第三，国内高校并未体会到财务信息化的重要性。随着时代的进步，加快建设财务信息化建设是高校发展的必然要求，但许多高校在建设财务信息化建设的工作过程中，没有付出足够的重视，甚至得过且过。甚至高校的财务管理理念还在传统层面停滞不前，导致财务信息化建设步伐仍旧缓慢。

（三）云计算背景下的高校财务信息化建设

1. 高校财务信息化建设所面临的挑战

云计算的引入虽然符合高校财务信息化建设的工作发展要求，也与未来发展趋势吻合。但是，在发展有关云计算的财务信息化过程中存在着一些挑战。

首先是财务系统存在安全问题。财务工作只有在安全的财务数据基础上才能顺利开展。在云计算背景下，云服务器上存储着开展财务信息化工作需要的核心财务数据。云服务商为了保证存储数据的安全性采取了两点措施：一是在服务器上安装先进牢固的安全防御系统；二是安排专业的安全员进行维护。尽管如此，仍然无法完全保障数据的安全性。高校财务数据如果突然泄露，就会造成无法挽回的损失。

其次是开展财务工作时观念出现问题。财务工作流程在财务系统依靠云计算技术得到进一步优化的基础上，也产生了许多变化。但是，由于观念陈旧以及个人能力的问题，高校财务人员无法适应这种变化并成长，这使得财务工作的开展受到影响。

最后是财务工作转移数据存在局限性。在云计算背景下，数据转移是财务信息化建设工作中存在的主要问题，并且比较棘手。数据转移并不是简单的数据复制，在数据转移过程中会出现人为篡改数据的可能性，在数据接口转换过程中读取数据失误的情况也频频发生。在将财务信息转移到云计算财务系统的过程中，高校往往需要消耗大量的人力、物力才能完成。

2. 云计算背景下的高校财务信息化模式

在精准捕获工作信息、提高工作效率等方面，大数据时代下云计算的应用发挥了重要的作用。综上所述，实现在云计算背景下的财务信息化建设是高校应该考虑的问题。首先，独特的高校财务信息化系统在合理的成本管控之下，应该具备个性化信息服务优势；其次，为了深度融合高校事务管理与财务核算，需要建立健全财务数据信息平台。

（1）IaaS模式

IaaS模式是一种以基础设施为服务的模式，是在云计算中经常出现的服务模式。消费者可以利用以互联网为基础的计算机基础设施获得优质的服务。IaaS也包括在互联网背景下的储存和数据库。一般来说，IaaS模式包含公有云、私有云及混合云三种使用方法。消费者在实际应用中可以借助路由器、中央处理器（CPU）及储存设备等设施获取服务。这些都是云计算服务商提供的计算机基础设施，并由云服务供应商部署的相关资源提供一个一致的数据端口供用户使用。在IaaS模式下，高校财务工作的完成需要充足的网络资源以及完善的基础设备来实现，而这些都是由云服务供应商来供给的。在此模式下，用户可以更加高效地完成财务处理本职工作，这是因为部署以及维护基础设施的问题与转化和传递财务数据的问题已经由供应商一一解决，用户无须再操心这些问题。

IaaS的自主收费方式是通过资费量来收费。应用过程中所需要的网络带宽、服务器数量、不同的储存空间、市场租赁都在该收费方式的计费范围中。在IaaS模式下，统计所耗的费用时应该汇总计算各项资费。一些高校在选择IaaS模式的同时，其实就是选择了与云服务商达成合作。那么云服务商就会将可量化的基础设施资源提供给该高校。在开展财务信息化建设工作时，高校与云服务商的深度合作使得高校节省了大量的人力、物力。高校既节省了大量的信息设备采购和维护费用，又降低了在此方面投入的人力成本。

（2）PaaS模式

PaaS模式是一种互联网服务类型，以软件研发的平台作为服务。利用信息服务平台的搭建来满足PaaS模式的应用，在这个平台上用户可以独立开发个性化定制软件。换句话说，PaaS模式实际上为消费者提供的是软件开发方面的服务。服务商搭建好信息服务平台供用户使用，将用户利用程序语言或工具开发好的程序部署在云计算基础设施上。在这种模式下，服务商负责提供平台、技术辅助以及编程规则等支撑，用户则依据其自身要求进行个性化搭配。

PaaS模式收费标准根据用户实际使用的平台服务能力不同会有不同幅度的波动。PaaS模式收费系统涵盖各种各样的内容，它的收费标准既包含基础设施在平台构建中的使用数量，也包含平台功能模块，还包含用户数量。在这种模式中，客户可以在个性化需求的基础上进行自主定制软件，其需要可以在很大程度上得到满足，这是它最主要的优点。个性化定制是高校财务信息化工作的开展过程中至关重要的一个环节。所以，应实现PaaS模式与高校财务信息化建设发展需求的高度融合。高校基于相应人才团队的组建来选择此种模式开展工作，那么，团队中人才应具备较强的专业能力和灵活应变能力。高校可以利用学校内部的财务人员、业务主管人员以及计算机行业专家打造出一支专业团队，在他们共同努力合作下完成来此类型的财务信息化系统的开发工作。团队人才各项突出的能力保证了该系统的专业性和适应性，达到了高校的个性化软件定制要求。

（3）SaaS模式

SaaS模式是以软件为服务的模式。在此模式之下，用户获得的云计算服务来自于应用程序，此应用程序由服务商运行基础设施产生，用户可以借助应用程序客户端完成相关工作。如此一来，客户只需要根据个性化选择，租用恰当的软件并使用电子设备来访问应用程序就可以满足自己的实际需求和自身的工作需要。这种软件租赁模式，大大降低了财务信息化工作开展所需的人力、物力成本，因为此种模式无须担心开发程序的费用，也不用承担运行软件时产生的费用，至于后期维护更是与学校无关。如果一些高校经费不足，那么这种模式对他们来说是最好的选择，能够以相对较低的经费支出实现建设财务信息化的最优化。另外，服务商在这种模式下提供了以下三种服务：一是关于软件的联网应用服务；二是关于离线操作服务；三是本地数据储存服务。高校财务管理工作的有效完成需要借助于服务商提供的服务和订购软件的便捷使用。

服务商需要通过两点来判断如何收费：一是高校选定的软件类型；二是设计应用情况。SaaS模式的收费标准非常的不固定，由应用软件的许可证费用、应用软件的技术支持费用和日常维护费用三种标准构成。在经过综合测算后，用户按月缴费，收费标准视用户的实际使用情况而定。

总而言之，高校在建设云计算财务信息化时找到了全新的发展方向。财务工作人员建设财务信息化时要把云计算技术应用到高校财务信息化中，然后从各个方面思考财务信息化建设工作中可能会出现的一系列问题，并提出解决办法，以高效、快速地完成财务信息化建设。

三、基于大数据结合云计算的高校预算管理

科学技术的不断发展，大数据、云计算等信息技术的不断涌现，使日常生产、生活逐步向信息化靠拢。随着大数据时代与云计算时代的不断发展，高校在预算管理工作方面面临着新挑战。高校财务管理部门需要转变传统的管理理念来应对挑战，摆正对高校财务管理工作的态度。

（一）基于大数据结合云计算背景下，高校财务管理工作的意义

在处理大量的财务信息时，传统的财务管理系统会暴露繁琐、复杂等缺点，同样的，统计大面积的数据时也非常不容易完成。而大量庞杂的财务信息数据在大数据结合云计算技术下，能够被快速地分析处理，从而得到更加准确的数据。在此背景下，有效地解决了财务工作者在财务管理工作中以及财务系统流程里遇到的问题，降低了财务工作者的工作压力，完善了财务系统流程，使财务工作能够有序进展。在此基础上，高校财务管理应该作出改变去顺应信息时代的发展要求，只有这样才可以使高校财务管理水平有所改善，在管理的效率和质量方面得到强化，提升数字化校园进程。

第一点，在中国高校财务信息化发展过程中，财务信息管理因其特殊性而受到了一些限制，这是高校财务信息化管理遇到的难题。财务信息管理系统是独立的个体，与其他部门的信息管理系统没有关系。各部门在独立的情况下开展信息管理工作，导致财务部门得不到有效的财务信息，严重影响了高校的财务管理工作。

第二点，财务人员利用财务信息管理系统根据需要将相关凭证和支付凭证等信息上传到财务管理平台，由于工作量的增加，迫使财务人员的工作效率降低。高校财务管理的复杂性表现为财务人员需要投入大量的时间和精力进行整理和核算，并做出相应的报表。这是造成财务工作者无法改革创新的首要因素。另外，与其他部门系统相比，财务管理系统是独立存在的，目前还没有探索出有效方法提高财务管理水平。这种长期的工作状态成为阻碍财务人员创新意识发展的一大难题，使他们在管理方法上的创新意识受到限制。大数据与云计算相结合可以推动高校各部门有效地交换信息，但在传统模式下的高校财务管理现状无法则达到此种要求。

第三点，高校财务管理的工作过程非常复杂，关联到的方面也比较多。例如，财务管理工作有收费、会计、结算和预算等，但在高校财务管理中，并不能将这些工作有效地结合起来，使财务工作缺乏统一、规范化管理，导致各部门在处理问题时出现非常混乱的局面。即使是重复的工作，员工也不知道自己的工作职责，严重影响了高校财务管理的科学化和规范化。此外，财务工作人员的选拔标准不同，导致专业素质和专业水平参差不齐，无法满足大数据与云计算相结合背景下的人才需求。

（二）基于大数据结合云计算背景下，提高高校财务管理工作水平的措施

1. 提高财务工作者的业务水平和专业素质

在大数据结合云计算背景下，高校应尽快培养出财务管理人才，提高财务工作者的专业水平，以解决高校财务缺少管理人才供应的问题。高校应加强培养财务管理人才的力度，创建一支优秀的财务管理队伍以解决非常复杂的财务数据核算工作，从而保证财务数据的真实性、正确性、有效性。除了做到这些，高校还应强化财务管理人员的专业技能，加强思想道德与素质教育，加强作风建设，建立一支高素质、高水平、作风优良的财务管理团队。

2. 基于大数据结合云计算的背景，构建财务信息处理平台

在大数据结合云计算背景下，搜集、汇总高校的财务信息资料以及系统地分析归类不同的财务信息等工作内容，可以在构建的财务信息处理平台中完成，这样能有效地做好相应的财务报表。进而有针对性地为高校提出与之对应的财务预算，让高校在进行财务工作的时候，能够有科学的理论依据，从而提升高校财务管理工作的质量和效率。

3. 财务系统业务管理流程再造

高校应该保障财务系统中业务管理流程的有序进行，应该更新和完善传统的财务系统对账、结算以及收费三方面的业务管理流程。首先是对账流程，通过设备扫描，将报销数据和成本基础数据上传到财务管理系统中，然后将数据传送给有关领导审批。同时，会计应当将原始数据发送给财务人员保管，经领导批准后，金融系统将重新审核提交的数据和原始数据，使在线支付顺利进行。其次是结算流程，它保障了银行与高校之间密切的关系，使高校在现金流缺失的情况下能够

有效地运作。最后是收费流程，在云计算技术的支撑下，借助网络平台形成一致的计费途径能够有效保证资金的安全，使高校按照规范实行收费，提高高校的自制力，减少收费过程中的麻烦。

总的来说，高校运用信息化手段提高了财务管理工作效率，实现了便利化，保障了高校财务管理工作稳定有秩序地开展，有效避免了在财务管理过程中可能出现的风险，使高校财务管理工作的质量大幅提高，加快了数字化校园的建设进程。因此，要想实现数字化的高速发展，高校要做好推陈出新的准备，要勇敢地创新思路与方法。在财务管理工作中，需要大力推行信息技术的应用来保证发展目标的实现。

四、高校云协同智能财务报销模式

当前高校财务报销模式存在票据审核难、报销审批难、财务管理弱化等问题。高校可基于云计算技术，构建云协同智能财务报销模式，实现智能报销、在线审批和协同管理，从而优化财务报销工作流程，提高财务报销工作效率，提升高校财务管理水平。

高校财务管理水平在时代发展中一直在提高，日益多元化的高校经费来源和复杂多样化的高校经费支出，导致高校财务报销工作内容也越来越繁杂琐碎。与此同时，高校经费的使用情况归政府各级部门监管，随着监管的力度越来越大，所以需要更加严格高校财务报销方面的工作需要更加严格的管理，工作效率也需提高。目前来说，在财务报销工作和财务管理工作上，高校财务报销系统还面临着更多的挑战。随着互联网时代和数据环境的飞速发展，高校应该借助信息技术改变财务管理理念，不断地对财务报销模式进行改革。

（一）当前高校财务报销模式中存在的问题

在传统的高校财务报销模式中，"窗口式"和"投递式"两种模式是经常被使用的。首先，"窗口式"报销模式是指报销人携带报销票据在财务部门的报销窗口排队提交给会计审核，会计制单、复核票据后，由出纳在现场直接转账或现金支付报销款项。"窗口式"报销模式对报销人以及财务人员双方来说都是非常麻烦的，在报销窗口，报销人需要进行排队才能办理报销业务，这样也使工作人员的工作量加重，不利于工作的开展。而一些高校使用的"投递式"报销模式有助于缓解工作压力，节省报销人的时间。具体的操作方法是：首先，报销人把报销票据存放到专门的文件袋中投递到财务部门，其次，财务人员在规定时间内依次处理投递票据。它实际上是以报销单据代替报销人在现场排队，这就解决了报销人到现场排队才能办理报销业务的难题。

目前，在信息技术快速发展的背景下，网上预约财务报销模式应运而生，有些高校已经开始使用。这种模式是指利用网络，进行线上预约网络财务报销，足不出户进行财务报销。报销材料通过初步审核后，就可以在网上进行财务报销预约，预约时需要依据相关规范填写并提交报销请求，申请后，网上预约财务报销系统会与账务处理系统和支付系统进行对接，完成自动记账模式并自动支付。

网上预约财务报销模式实现了报销人由线下排队到线上排队的转化，实实在在的帮助报销人节省了大量的时间。方便了财务人员办理工作也为财务人员减少了工作压力。在网上预约财务报销系统中，报销人可以自行筛选经费项目，完成报销单据、收款人户名和账号等信息的填写。不过网上预约财务报销模式在以下几个方面出现了较多的问题。

1. 应用层

利用网络预约财务报销时，财务报销使用的信息系统主要有三个流程，分别是网上预约财务报销、账务处理和支付。网上排队、记账凭证的生成和电子支付等都是通过这些流程来实现，但这些模式流程并不能解决票据审核难和报销审批难的问题。

（1）票据审核难

审核报销票据在报销工作中是关键环节，在此过程中，报销人和财务人员非常容易产生嫌隙。财务人员在审核报销票据时需要随时判断报销凭证是否真实合理，确定票据是否合规（合规是指报销人提交的报销项目是否按照各政府部门的规定及高校自身的相关制度上报）。在目前的网上预约财务报销模式中，报销人负责整理票据、财务人员负责审核，这些工作都需要人工进行。由于政府部门和高校各级管理制度中的诸多复杂规定，报销人一定会出现一次又一次的修改和补充的情况，经过复杂的过程报销材料终于可以通过审核。在审核报销票据时，报销人对高校制度、财务政策的不了解容易产生误解，甚至发生争吵。

（2）报销审批难

虽然可以在网上预约财务报销，但报销审批也依然需要在线下操作。随着各级政府对高校资金的管理越来越严格，为了使资金在使用方面更加规范，许多高校都宣布了多元化的资金管理办法。出台的资金管理办法提出规定：报销的完成需由多个部门参与审批。例如，在采购固定资产的项目上，要经过资产使用部门、资产管理部门、经费管理部门、财务部门等多个部门领导多次审批，才能完成从申购到报销的资金流程，在涉及一些金额比较大的审批流程中，需要经过分管副校长甚至校长的审批签字。这些领导大多都身兼多职，忙碌于科研、教学、管理等各个方面，这就可能出现领导审批不及时的现象，使得报销审批时间较远，造成报销时间上的浪费。

2. 管理层

目前，在网上预约财务报销时，会计核算职能是财务人员的主要职能，财务人员只能对已经完成审核的业务进行核算，无法管理和控制未审核或事中的业务。这是由两点原因导致的：第一，财务系统是独立于其他部门的信息系统，这会造成无法互通和共享业务数据与财务数据的情况，财务人员在获得业务信息方面出现困难，也造成业务和财务处于相对独立的状态；第二，只有充分利用信息化手段才能使财务人员在会计核算工作中得心应手，将更多的时间放在财务管理工作上。

综上所述，目前，网上预约财务报销模式还尚不成熟，有待优化。在信息技术不断发展的背景下，各高校纷纷开始研究利用信息技术手段处理财务报销难的问题。目前，高校研究的热点主要是云计算技术。云计算技术是信息技术未来发展的方向，利用云计算技术建立的财务报销模式可以实现智能化、多部门协同办公。这是高校财务报销管理模式在未来的发展方向。

（二）高校云协同智能财务报销模式设计

云协同智能财务报销模式是借助云计算技术搭载建立的，它是关于财务报销管理的云平台，以往许多需要人工处理的工作借助互通互联的智能系统，在信息系统中实现自动化智能处理。不仅如此，任何部门的报销管理都可以在云平台上进行协同处理，逐渐形成了协同的、智能的"云"报销模式。

1.技术体系设计

在云协同智能财务报销模式下,建立财务报销管理云平台,实现信息互通,这是技术体系完整的设计思路。这有助于业务部门、管理部门分享数据和协同工作,各部门在云平台上共同完成有关财务报销的智能审核、电子审批、电子支付、智能推送等工作。将防火墙安装在云平台与各终端之间,严格验证云平台的登录权限,通过以上两点来保证安全的云平台环境。在云平台中,为了保障访问人员的一致性,需要设置严格的身份认证标准,对各部门的业务访问人员进行身份验证。

2.财务报销管理云平台设计

云协同智能财务报销模式的重要环节是财务报销管理云平台。该平台分为业务层、云协同中心、数据共享中心和底层基础设施四个部分。

(1)业务层

在业务层,报销工作主要由四个系统来处理,分别是账务处理系统、智能审核系统、预算管理系统、支付系统。其他信息管理部门则承担协助业务报销的责任,起着协同管理的作用,如电子审批、人事管理、科研管理、教务管理、资产管理等。在财务报销业务中,智能审核、在线审批、自动支付和精细化管理需要在信息系统的协同工作中实现。

(2)云协同中心

在报销过程中,协同工作的处理需要云协同中心给予支撑。协同工作流对象的界定是由流程管理中心依据财务报销业务类别完成的。流转指令是指消息服务部门提出业务并发送给业务管控部门,再由业务管控部门根据指令管理和控制业务流程,同时数据交换中心提供数据交换服务。指令发送、业务流转控制、数据交换共同作用完成报销业务协同处理。为了保障报销业务协同处理安全运行设置了用户管理、安全管理、访问控制、日志监控等服务。云协同中心业务层各管理信息系统互相交接的实现是通过云协同中心提供的服务完成的,由此才能实现财务报销业务协同处理,财务管理协同。

(3)数据共享中心

基础数据、业务数据、电子凭证、财税数据等组成数据共享中心。全部报销管理过程的数据源由数据共享中心统一提供,高校财务管理决策时的大数据也由数据共享中心提供支持。

（4）底层基础设施

服务器、存储系统、操作系统等组成底层基础设施，它是保障整个平台运行的基础。

报销业务先在财务报销管理云平台的业务层发起后，流程管理中心是在云，由流程管理中心来进行流程定义，此时协同工作流对象生成，根据其设置的处理过程，通过云协同中心的接口陆续向各业务系统发出协同处理要求，因此处理财务报销业务事件和精细化管理得以实现。

（三）高校云协同智能财务报销模式的应用

高校巨大的财务报销基础工作量在云协同智能财务报销模式下，可以在智能信息系统中进行线上处理，其"智能票据审核"和"在线报销审批"功能的实现减少了报销人员的工作量。

1. 云协同智能财务报销模式的应用特点

记账凭证的自动化生成、转账自动化支付、报销智能化审核、报销在线化审批及智能推送报销状态等都是云协同智能财务报销模式下的功能。应用云协同智能财务报销模式具有许多特点。

（1）报销凭证影像化

财务信息系统从纸质化原始凭证和附件中获取报销凭证信息是比较困难的，并且纸质化票据在流转过程中极易丢失。而在云协同财务报销模式下，报销人采集原始凭证及附件时可以使用扫描仪或其他影像采集设备生成高清影像信息，再把它上传到云平台。云平台可以帮助财务人员和审批领导进行远程审核及审批，同时，智能审核系统也可以在云平台提取凭证信息并进行智能审核。

（2）报销审批无纸化

云协同智能财务报销模式实现了报销凭证在线审批，这样一来，报销人不再需要携带原始凭证和附件到场等待签名审批。这从很大程度上降低了报销人和审批人的工作压力，而且设置在线审批权限也能降低顶替签字出现的可能。高校也可以开发"财务报销应用程序（App）"，通过移动端处理财务报销业务，实现电脑端和移动端两种审批方式。这样一来，审批人可随时随地登录手机移动端使用电子签名审批，手机移动端的使用解决了传统方式下因领导不在而无法进行审批的问题，避免出现审批周期延期的现象。

（3）报销模式智能化

在报销流程中，推送智能化、报销审核智能化和智能推送报销状态是财务报销模式智能化三个方面的体现。

首先，关于报销流程的推送智能化。报销次数少的报销人在面对复杂的报销工作程序时，多数都毫无头绪。但是在云协同智能财务报销模式下，信息系统能够智能处理材料的提交、票据的审核、报销审批、转账支付等业务，也可以由相关责任人在云平台上直接处理。

其次，报销流程在审核时越来越智能化。各高校财务部门纷纷出台《财务报销指南》，以要达到方便师生报销的目的，此指南是根据财务报销管理标准和有关要求编制的。《财务报销指南》收录了各种报销类型方法，如报销时需要的材料、费用标准和审核标准等。报销系统就是将《财务报销指南》信息化、智能化，根据报销类型的不同设计相应的审核模式，审核系统可以自主审核大部分一般性的常规工作，而少量特殊的报销工作仍然由财务人员人工审核。建立以智能报销系统审核为主，以财务人员人工审核为辅的报销模式，有助于实现财务报销的自动化、智能化和规范化管理。

最后，报销状态的推送也越来越智能化。财务报销系统在处理报销工作的同时也在捕捉着报销工作的每个细节，在报销工作进行时将报销状态推给报销人，在报销工作结束时向报销人发送信息提醒报销完成。报销人也可以通过综合查询系统，及时查看报销情况。

（4）报销管理协同化

在云协同智能财务报销模式下，所有部门都可以使用云平台获取相关数据和信息，与报销事项进行协调。高校各部门也可以通过云平台，在财务管理方面进行合作。例如预算编制和调整科研经费，科研管理部门的科研管理系统与会计处理系统直接相连，这样能够准确、有效地控制预算，两部门都可以节省工作时间。报销人在资产管理平台与综合查询平台查询到学校的空置资源，然后对该资产加以利用，有效提高了国有资产的使用率。

云协作除了应用到大学内部各部门之间协作外，还可以应用到其他更广泛的地方。例如检查账单，当今时代，许多高校的报销工作都需要报销人员进入国家或省级票据检查网站检查发票的真实性，而且大量的检查结果还需要打印为附件。而通过智能审计系统与票据查验系统的相互协作，财务报销系统可以在申请人提交票据信息后立即检索票据查验信息，检验合格就可以进行下一个操作，如果检验不合格，则不能进行下一个操作。

综上所述，云协同不再受空间的限制，数据可以在一个条目中重复使用，不再浪费劳动力，很大程度上节省了报销人和相关人员的工作量，使财务报销效率越来越高。并且，直接连接数据确保了报销信息的准确率，也保障了信息传输的及时性。与此同时，协同管理有助于推进高校与财务管理工作的融合，有利于大幅提高高校的财务管理水平。

2. 云协同智能财务报销模式的运作流程

借助信息技术方法，云协同智能财务报销模式重组和优化了高校财务报销流程。

首先报销人登录财务报销平台并选择自己所要报销项目，然后将报销凭证原件和附件的图像数据上传到财务系统中。其次，财务人员在智能系统审核线上审核后，主管责任人再在平台上进行网络审批。只有审批通过后，智能审核系统才会自动生成报销凭证，同时会计处理系统也会及时产生记账凭证。最后，报销人将原始凭证、附件、报销凭证提交给财务人员，再由财务人员审核系统自动生成的会计凭证，并由出纳审核完自动转账。付款成功后，系统将提醒报销人报销完成，报销人也可以随时登录云平台，查看报销信息。接下来以旅行费用、低值消耗品和固定资产三种不同的业务模式为例，阐述云协同智能财务报销模型的报销过程。

（1）差旅费报销

在云协同智能财务报销模式下，报销人输入个人账号和密码等信息，登录智能财务报销系统，选择对应项目类型，再进入到差旅报销系统，通过使用设备扫描机票和酒店发票等材料，智能审核系统能够自动获取出行时间、出行地点、住宿花费等信息。同时，智能审核系统根据人事部门人事管理系统获得的出差批准信息、职称和职位信息，智能计算城市交通费用、住宿费用、食品补贴、城市交通津贴等补贴金额。经审核后，有关负责人会在电子审批系统中进行在线审批。然后，会计处理系统自动生成会计凭证；智能审计系统生成报销凭证。报销人应将报销材料和报销凭单提交给财务部门审查，审查通过后自动支付报销款。申请人能够在综合查询系统中查询到整个报销过程。

（2）低值消耗品类报销

在云协同智能财务报销模式下报销低值消耗品时，必须到资产管理部门办理低值消耗品的入库手续，然后用发票和仓储单据进行报销。

但在实际的报销工作中，许多报销人员不知道货物是否需要办理入库手续。他们更多时候是到财务部门进行报销时，经财务人员告知才得知他们需要去资产管理部门仓储登记。而在云协同智能财务报销模式下，报销人员利用智能财务报销系统扫描发票信息，系统会将其自动推送到资产管理系统进行仓储入库登记，然后资产管理系统真将其提交给财务系统生成会计凭证并自动付款。

（3）固定资产类报销

管理人员可以通过云平台查询学校是否存有闲置的固定资产，以此来判断是否有必要购置固定资产。当出现一定要购买的固定资产时，报销人需要在资产管理系统中申请购买，待有关主管人在资产管理系统批准后就可以购买了。报销人报销固定资产既不需要多次提交材料，也不需要主管人反复审批，依然可以保证账户的一致性，这是因为资产管理系统与财务系统会自动生成会计凭证并完成支付。

此外，讲座、实验用料等费用的报销是在智能财务报销系统中的审核系统中自动完成审批的。在云协同智能财务报销模式下实现了报销的智能化审计，这有助于减少财务人员犯错的可能性，让报销工作效率实现提高，使财务管理水平更上一层楼。

五、基于云计算的高校财务绩效动态评价模式研究

想要更好地有效配置高校资源，这就要求高校重视财务绩效评价的工作，对自身的财务状况和运营情况有深入的了解和掌握。因此，高校需要构建一套合理、完整、严密、动态的绩效评价体系，运用现代科学技术和管理手段对财务状况进行分析和管理。

（一）云计算与高校财务绩效评价模式的理论基础

云计算作为新一代的计算模式，不但能提供便捷快速的服务，还能降低资源

使用成本，能进行大规模数据处理、挖掘工作。随着云计算信息技术的高速发展，大数据、物联网、可扩展商业报告语言（XBRL）等新兴技术逐步扩大应用范围，给高校财务信息化工作带来了机遇，也为高校财务绩效评价提供了新的技术支持。

财务绩效评价是会计主体以各类财务指标为前提对本单位的财务状况、经营成果进行整体的科学考量和分析，并将评价分析得出的结论和计划进行比较，以此作为评判经营现状优劣的标准，并且能对未来财务状况和经营方向能起到一定预测作用。

（二）高校财务绩效评价体系的现状

在我国，高校财务绩效评价体系还处于发展阶段。虽然很多高校都非常重视财务管理，但却较少注重绩效管理，认为绩效评价也只是对财务管理的事后总结与评估，没有正确认识到其在管理过程中的引导、分析、预测和辅助决策的功能。一直以来，很多高校财务绩效评价重视资金投入却不重视效益，重视资源分配却忽略了评价监督，造成了高校在日常运行中出现教育资源配置不合理和有效利用率低、教育支出不均衡等一系列的问题。高校财务绩效评价体系仍然存在以下一些问题。

第一，评价对象不清晰，目标不明确。在高校财务绩效评价体系中，高等教育的投入、产出与效益等是高校财务绩效评价的主要内容。很多高校财务绩效评价没有明确以战略目标为核心并为之服务的绩效目标，进而没有明确评价的方向，在评价对象上含糊不清，设计笼统，没有细化评价客体，造成了评价效率较低，得不到真实客观评价的结果。

第二，财务绩效评价体系不完善。财务绩效评价体系是由评价机制、评价指标、评价标准、评价方法四个部分组成的。大多高校的财务绩效评价制度、激励机制等还未健全，缺少综合性、规范性和科学性，没有起到绩效管理的推动作用。绩效评价指标不能充分合理地体现整体财务管理水平，没有考虑到一些非财务指标要素，也没有兼顾到定性指标与定量指标相结合，指标口径不统一，评价标准不统一，在绩效评价过程中无法执行数据对接，并且评价方法也不恰当，没有兼顾实操性与计量的规范性。

第三，缺乏有效的财务绩效评价监督机制。部分高校进行财务绩效评价时忽略了监督机制的建设，无法形成一个良好的制度环境和组织环境。也正因为缺乏一个系统的管理监督体系，财务管理制度和监督机制才会不健全，容易在财务绩效评价过程中出现较大的漏洞。使其脱离了绩效管理核心，内部监督机制也无法满足其自身的实际需求，不利于及时反馈和纠正评价结果，对财务绩效水平的提升也有影响。

（三）云计算对高校财务绩效管理的影响

1. 促进了高校财务绩效管理的标准化

目前，许多高校建立了校园局域网，同时引进了各种部门管理系统。在高校云计算中，不同部门的业务系统可以共用一个大的资源池，资源池容量不仅可以适时调整，还可以对资源进行实时合理分配，从而提高资源利用率，实现高效计算。因此，云计算可以通过高校财务信息门户系统集成整合，挖掘潜在有用的数据。由于信息使用的部门及人员是动态变化的，所以这一切通过"云"实现，通过对标准化的数据进行统一灵活运用，既降低了管理部门协同工作的复杂程度，又促进了财务绩效数据的标准化进程。

2. 降低了高校财务绩效管理的成本

虽然大部分高校都进行了财务信息化的改革，摒弃了人工会计核算方式，但高校会计电算化发展到今天，各高校都通过局域网，配备服务器、交换机、工作站等设施，自行开发本校财务软件或选择外购专业财务软件进行财务管理，使得软件运行维护、更新改造费用开支较大，大大增加了财务信息化管理的成本。而云计算服务商将提供几十万台服务器，为云计算提供强大的支撑平台，足以适应高校的业务量增长和工作需要，同时可以减轻经济负担和降低经济风险。通过SaaS（软件即服务）模式或PaaS（平台即服务）模式租用其平台或"云"，可减少重复购置成本，缩减开发运行周期，减少运行和维护费用，节约人力成本和管理成本，降低高校财务绩效管理的资金和时间成本。

3. 加速了高校财务绩效动态评价模式的转变

目前，许多高校财务绩效核算数据主要来源于财务管理系统，且财务核算信息要比业务信息滞后，导致高校财务绩效评价没有及时、客观地体现其财务现状与经济效益，因此也无法准确地反映高校财务管理水平，更无法提出有效的办法加快高校发展。在云计算技术的支持下，财务管理平台嵌入了一些新技术，如数据传感技术、智能识别技术。这些新技术使得财务管理不再依赖于纸质单据，实现无纸化电子发票、增值税发票、合同等。实现无纸化储存会计档案，可以同时获取教学设备、资产使用状况、校企产业收益等信息流。在云端平台非静态计算高校财务绩效时，可以和时代共同进步，且在不同时期评价、监督、调整财务绩效不受影响，实现高效合理地配置动态资源，从而满足高校财务管理的要求，加速高校财务绩效评价模式转变。

（四）基于云计算的高校财务绩效动态评价模式的建设

基于云计算构建高校财务绩效动态评价体系的核心是将高校财务绩效与其战略目标紧密联系，进而设计出一套适合高校的综合财务绩效评价框架，结合高校特色的财务指标信息和非财务指标信息，构建完整规范的高校财务绩效评价指标体系，并利用云计算技术建立出一种新型的高校财务绩效动态评价模式。

1. 高校财务绩效评价框架设计

高校财务绩效评价框架是由与高校财务绩效评价相关的要素构成的，是结构化数据与非结构化数据相辅相成的有机整体，可以为更好地开展财务绩效评价工作，提供更优的绩效管理。其意义在于可以通过对相关财务绩效指标的监测，来节约教学投入成本、提高学校资源利用率，从而实现高校战略目标。而设计最优的高校财务绩效评价框架，是财务绩效评价体系建设的首要工作，也是改进财务支持决策，提高高校资源配置效率，以服务社会的重要一步。因此，要围绕高校财务管理的工作职能和任务，根据预算、资金运营、资源优化配置、综合实力、短期效益及高校远期发展目标等，找到高校发展的战略目标。财务绩效的四个评价方向分别是预算绩效、资源配置、综合绩效、发展潜力。这四个评价方向形成了高校财务绩效评价系统，为接下来建设高校财务绩效评价指标体系引出了方向。

2. 构建高校财务绩效评价指标体系

在设计完高校财务绩效评价框架后，高校必须根据框架的预算绩效、资源配置、综合绩效、发展潜力四个维度分解绩效评价的目标并建立合理、有效的具体指标，还要建立一套相对完整的、规范的高校绩效评价的制度和指标计算方法，明确指出绩效评价的对象、内容、分值和权重，从而正确计算高校财务绩效评价结果。在构建高校财务绩效评价体系的过程中，高校要遵循层次性和整体性相配合的规则,坚持长期目标与短期效益相结合、定性指标与定量指标相辅相成、可比性与操作性相协调的原则,使得评价指标客观、公正、科学、系统地反映其财务管理现状,满足财务资源有效配置的需求。高校实行的财务绩效评价主要是考核教育资源使用的科学性和规范性,和资金的投入和产出比例是否合理,是否达到预期效果,能否符合高校的发展目标。所以,建立一套严谨的高校财务绩效评价体系,不仅可以提高教育经费的使用效率和优化教育资源的合理配置,形成一种以绩效为核心的观念,而且有利于制定出更科学的预算方案,使资金的分配和使用能得到有效的控制,以进一步节省高校运营成本。

3. 基于云计算的高校财务绩效动态评价管理流程设计

首先,高校应该制定绩效管理目标,只有将高校绩效评价的引导作用发挥出来,才能促进教育改革机制长期有效。高校财务管理窗口制定符合规定的、标准的绩效管理目标是实现其财务管理职能的必要条件,同时能够监控绩效管理的整体流程,使财务绩效评价的效率更高。想要利用云计算管理制度制定绩效管理目标,汇总各种内外部数据则需要借助虚拟化技术。目前,制定高校的绩效管理目标要以科学、合理的高校战略目标为导向,促使各指标体系的执行目标更加完美,高校各部门依据高校财务绩效评价体系,根据绩效管理目标展开工作,使学校管理效能得到大幅提高。

其次,高校采集与加工业务数据流程。在采集财务信息时,云计算背景下的 SaaS 模式或 PaaS 模式会扩大储存范围,加工高校财务系统、资产管理系统、教务管理系统等有关部门的信息。不管是财务信息还是非财务信息相,不管是内部信息还是外部信息,都统一融合,各种业务数据流也经过相关分析后统计组合了"数出一门、统一口径、资源共享"得以实现,并且在价值流、业务流方面以及基础结构化数据下,高校财务绩效实现了实时评价。

再者,云计算技术下应用数据指标评价与分析。有了云计算技术,高校在应用数据方面更加智能、自动和非静态。在挖掘数据方面,不管是结构化数据还是非结构化数据,都可以得到有效处理。财务绩效评价应用指标变得简单,它逐渐成为可以被看到的并且具有强大的信息分析能力的功能。加工程序的数据是第二流程的业务数据,云计算平台会按高校财务绩效体系把它分到指标计算资源池。一级指标需要计算 4 个、二级指标需要计算 10 个、三级指标需要计算 33 个,计算时按照各指标的 4 个维度取值，最终得出绩效评价结果。在全面彻底地分析绩效评价结果后，将完整的、合理的财务报告及财务决策方案呈现给管理者。

最后，在云计算的综合利用中实现动态绩效的预警与监督。高校财务绩效动态评价模式是一个管理监控系统，系统使用者可以根据自己的需要选择查询途径并自动生成财务报表。在云计算下，可扩展服务的应用降低了信息使用成本的同时，也强化了信息披露质量。高校财务数据能够被随时反馈给监管者，使在财务绩效管理方面有所提升，在业务信息的时效方面更是全面提高，财务信息实现了动态核算，打破了信息传递不灵活的瓶颈，人工等非客观问题也不再是阻碍因素，使高校绩效管理在实施过程中得到了保障。

第三节 区块链与高校财务管理创新的结合

一、区块链技术对高校财务管理的影响

在全球大数据，物联网以及云计算被广泛运用后，新型数字信息技术——区块链，逐渐进入人们视野并受到金融领域的关注。最近几年，区块链技术在会计相关领域中得到了推广和运用，被人们所普遍重视。德勤会计师事务所在2016年发布了第一个"德勤欧洲、中东和非洲地区区块链实验室"，就是想让区块链技术可以应用到实际当中。随着人们对区块链技术的不断深入研究，该技术不仅在金融、物流和资产管理行业中得到了运用，而且在各行业中的运用也将越来越广泛，企业、高校未来财务运作模式与管理机制可能由此发生变化。以下从区块链技术特点的角度切入，浅析该技术如果能够被人们广泛运用会给高校财务管理带来哪些影响。

（一）区块链的溯源及特点

区块链能够将数据按各自产生的时间顺序连接成链条，并通过链式结构将数据区块进行存储，同时，为了确保数据真实性与准确性，利用密码学原理实现分布式共享账本的建立。这项技术具有去中心化、去信任化、非对称加密、共同维护、不可篡改等特点。

在区块链模式中，网络节点接入区块需要以数据信息的产生为基础，而数据信息的产生需要业务的各方参与者的积极加入，并利用代码和分类账的形式在该节点中实现数据的存储。人们对区块链技术达成的共识，是形成于每一个节点上的信息与其他节点实现信息交互的基础，因此业务的参与者之间无须建立信任机制，也无须传统的中介。在区块链的数据传递中，每一节点数据的更新都会与其他节点同步，这就是说，参与者在参与每一个数据节点的同时还是数据的记录者、使用者，也是数据的维护者和监督者。当一个节点的数据信息发生变化时，其他节点会利用密钥与之进行验证，如果匹配没有搭建起来，信息变更的操作就会被其他节点拒绝执行。因此区块链能对数据的真实性进行有效的保障，并且保证存储在其中的数据不被恶意篡改。

（二）区块链技术对高校财务管理的有利影响

高校财务管理中会涉及各种各样的数据信息，包括人员数据、缴费数据、科研业务往来数据等，因此可认为高校财务管理中包含财务数据信息处理。区块链技术是支撑信息处理的一项底层技术，在财务领域广泛地应用区块链技术后，高校相关产业运作与管理模式也会发生转变。

1. 有利于保障高校财务信息的真实性

与学校这个巨大的机体相比较，高校中的财务机构只是一个小型的管理与服务部门，它所办理的一切与财务有关的事务都与学校有关。对于那些报销业务，财务人员核查其真实性的精力不足。如果区块链技术被推广应用到各个行业中的话，那么区块链就会将各项业务记录下来，区块链条能够帮助数据完成相关的会计校验工作。通过对区块链中所存储信息的读取，财务人员能够对业务进行的时间、地点和参与人员进行溯源，并对业务发生的真实性进行及时核实，可以有效减少财务人员发生徇私舞弊的情况和出现失误的风险，能够确保高校财务信息真实可靠。

2. 有利于提高高校业务处理的效率

高校的每一笔会计业务都要各个部门参与其中并分工合作。学校各部门在日常的运行过程中，都遵循着各自的运作系统，而这些系统不仅仅是来自于一家企业，所以有些时候对接困难等问题就会出现在数据传递的过程中。另外，开展业务需要各种审批手续的办理，过程繁琐、费时。例如学校需要对一套大型设备进行招投标的相关工作，就可能要经过设备管理部门、招投标部门、合同管理部门和财务部门联合批准，且各部门所需材料不一样，需要提交进行审批内容也不一样，经办人经常要面对与多个部门进行协调的情况，还要将审核材料反反复复地提交，等待部门或校级领导签字批准。而在区块链技术的支撑下，如果在系统中输入这些数据信息，并通过区块链技术保存并传输出去，各部门就能对对同样的数据进行利用，其他科室的处理结果也能够被签审人员进行及时地查阅，科室领导或者校级领导在对事项进行批准签字时还可以通过系统在区块上读取相关的信息数据。所以区块链技术在高校中的普及有助于高校业务处理流程的不断优化，使业务办理的时长大大缩短、处理业务的效率获得显著提升。

3. 有利于高校电子票据的管理

高校目前对于电子票据这种最近两年才出现的新事物尚缺乏有效的报销管理机制。电子票据没有有效实体，因此纸质资料是现行的会计制度下进行财务报销的必需品，所以要求经办人印制电子票据是财务报销过程中的常见情形。但打印版电子票据不具备唯一性，它能够无限制地进行复印，甚至票据中的信息还可能在复印的时候遭到篡改，而这些的被复印出来的电子票据由于不具备唯一性，所以存在被多次报销的可能，可能会使高校财务舞弊的风险提升。在区块链模式中，业务交易会将数据信息按照时间先后顺序在数据区块中进行存储，并且向外公布全部交易，其他区块在检查到重复性交易的发生时则会对交易的申请进行拒绝。于是，业务的售货方向区块完成了对自己出具的电子票据的传输工作后，当购货方的财务在区块链上读取电子票据的信息进行验证并做账务处理时，区块链将会对这个电子票据进行标注，这样就能保证电子票据所记载的信息是真实的数据，同时又能防止利用这张电子票据进行二次报销的可能。

4. 有利于高校事业收入的及时确认和计量

2019年，新《政府会计制度》开始在全国各级各类行政事业单位全面施行，其中规定财务会计的确认与计量必须按照权责发生制的规定进行，并对高校的事业收入进行了明确规定——应当根据合同完成进度确认。在2018年末，这项制度先推出了补充规定，针对四种确认合同在关于完成进度的方法上进行了详细的规定，然而在合同管理系统的使用上，多数的高校并没有装备该系统，所以在进行收入确认的时候，利用合同的方式来实现是存在一定的困难的。在区块链技术的帮助下，电子签约逐渐成为双方签订合同所采用主要方式，关于合同签约的所有关键信息均会在区块数据链的各个节点内实现存储，签约双方能够利用数据链对签约的各项信息进行传输，如合同的签约执行情况等。同时由于块内数据信息是以时间为排列顺序进行记录的，即使不使用合同管理系统，高校财务部门仍然可以从块内数据中抽取相应的信息，从而知晓收入确认时间及准确数额。

（三）区块链技术在高校财务管理的应用中面临的挑战

高校财务管理会在区块链技术的影响下朝着好的方向发展，但是从目前来看，高校的设备、技术和制度尚且不能支撑区块链技术的运，这是高校应用区块链技术过程中面临的挑战。

1. 足够先进的硬件设备缺乏

区块链技术在高校中的广泛应用必将使高校内部的数据信息量呈现出指数级增长的趋势，这将必然会对原有的高校网络环境和硬件设施造成巨大的压力。因此，大容量的数据服务器设备就成为高校装备区块链技术的必需。然而实际情况是此类服务器价格高，高校常常会由于节省学校的开支和费用的目的，导致使用的服务器一般都是使用着比较陈旧的机型，无法处理区块链所带来的超负荷信息数据。所以在真正将区块链技术在高校内实现推广的时候，服务器设备的更新换代就是高校首要解决的问题。

2. 相关制度法规的缺失

数据信息时代下，新技术将对传统财务会计处理方式产生影响发生变化。究其原因，既有法律法规缺乏对于区块链这样的新技术形成一个相对完善、系统的法律体系；也有会计制度对于新技术模式的财务会计流程、业务处理方式未给予规定与建议。高校业务特别是科研业务，它涵盖各个行业，然而各行业中所形成的会计数据之间在标准与接口上却没有统一的规定，业务双方在进行沟通和交流的过程中会产生很大的难度，并且可能对上级进行统一的监管和领导产生不良的影响。

3. 复合型人才的缺乏

与高校相关的信息、物流、通讯和互联网技术，都能在区块链技术的统筹下融合在高校的财务管理信息系统中，促进高校的会计业务实现高效办理，还把会计与后续业务——审计、税务等紧密地联系起来，大大提高了业务处理的时效性。这种情况就需要财务人员既要熟练掌握财务知识，还要具备管理会计数据资源的能力，并具有对新的会计数据信息处理技术理解和运用新型数据信息处理技术的能力。当前从事高校财务会计的相关人员多数都只了解会计领域的知识，能够同时具备财务和数据信息处理两方面能力的复合型人才比较少见。为此，各高校在招聘财务人员时，应当放宽专业限制，将复合型的财务管理人才逐步引入高校财务管理的队伍中。与此同时，也应当加强对各高校现有的财务人员的培训，要在数据信息管理和大数据安全方面对现有的财务人员展开培训，督促财务人员把新技术运用于财务管理工作当中，强化财务人员财务管理工作能力和财务人员信息安全意识。

4. 科技进步带来的机遇与挑战

区块链技术的应运而生，对信息技术、金融、会计等行业都产生了重大影响，它所具有的独特性能够确保高校财务管理工作更加真实可靠，并且能够使高校的财务业务办理效率得到提升，还可以对电子票据管理的强化提供相应的技术支持。与此同时，受到区块链这项新技术的影响，设备技术落后、体制缺失和人才缺乏对区块链技术的适应性造成影响的问题也在各高校中普遍存在。

（四）区块链技术的新思维

1. 区块链的工作原理

区块链技术并不是单一存在的，而是包括密码学、数学和网络学等多学科技术的集成与构建，最终由数据区块组合而成。在各个区块中的数据和信息都是按照时间顺序生成的，而且这些数据和信息是不能被修改的。整个区块链上存在着大量节点，新的数据会在遇到节点的时候被节点记录下来，并且在全网范围内进行扩散。其他节点对网络上流传的信息进行接收，并检查和判断区块链节点所接收的数据的真实性、合法性，对于那些经过了检验的信息，会被保存到区块中，区块中数据还将通过网络共识机制的检查，在检验合格后在主链上进行数据的存储。

2. 区块链的特点

（1）去信任化

从前文对区块链形成机制的介绍能够看出，区块链的清理和计算，数据加密验证、核实和锁定信息由双方直接完成，摆脱了对第三方的依赖，使数据管理的层级减少，数据管理的成本降低，第三方因失信而引起的风险以及信息泄露的风险也因该项技术的落实而得到避免。

（2）去中心化

在传统信息化管理模式中一般都会设置一个最高权限，且其他权限的设置则需要经过一层又一层的授权与批准，各级所拥有的权限各不相同。但是在区块链技术下，各节点所被授予的权限是一致的，共识机制被用来维持各个节点间的连接，各个节点自动遵守相关的协议，实现权限均等和义务均衡。

（3）匿名交易

在信息交易时，区块链技术能够保障数据的安全性和完整性，交易对于间能够做到彼此信任，瞬间完成信息的清理和计算：对身份的认证不需要再次进行，会有一个固定的协议统率整个网络。匿名交易已经由虚幻变为现实，区块链技术的应用使信息的安全性受到保护。

（4）不可逆性

区块链中时间戳的作用是用来记录时间节点的，这些时间节点平时是一直在主链中存储着的，因为区块链中存储的信息所生产的时间具有不可逆性，会使信息具备确定的时点。只有当操作者控制了半数以上的节点时，才能进行信息的修改。但节点数目会随着信息量的增加而变得越来越多，且对半数以上节点进行控制是难以做到的，因此对储存在区块链里的信息进行篡改交易、制造虚假交易的行为都几乎是不可能发生的。

（五）区块链技术应用于高校财务领域带来的变革

区块链因具有工作效率高、交易成本低等特点，备受各个行业追捧和欢迎。针对当前高校在处理财务工作时所面临的问题，我们可以试图利用区块链所具有的优势在信息化的视角下提出创新的思考与解决方案。

1. 区块链技术对预算管理的影响

预算是高校为了今后的发展来思考、以事情的轻重缓急进行排序，综合考虑各方面关系，对学校办学资金的投入所作出的综合谋划。去中心化是区块链技术所具备的一项特征，规避了传统预算编制过程中财务部门全权参与，其他部门合作不够主动的局面，能够在无须人工干预的条件下，从业务部门处自行获取编制预算所需的基础数据，协助财务部门建立与其他部门之间的联系，最终形成有效的数据流。与此同时，基于信任假设，区块链技术能够实现匿名交易，并规避信任缺乏的缺陷，增强了信息安全性。比如预算编制中需要采购部门信息，基于区块链技术，系统能够自动得到有关下一年采购的计划，再结合市场信息，综合考虑预算规模，从而将预算编制出来。

2.区块链技术对会计核算的影响

区块链的去中心化特征表现在不需要像以前一样必须要经过授权来获取节点之间的信息，并且节点之间也不存在级次上的不同，因此中心化问题就不会在总账目与分账目中出现，交易产生的所有信息都会在全网的各个节点上实现存储，并且分布式账本的特点也能够在区块链中得到体现。区块链技术将从以下几个方面对传统的高校会计核算方法进行变革。

从单据稽核的角度来分析，传统的人工识别技术受到全新的技术环境的影响而发生改变，并最终演变为区块链技术对信息完成提取，构建起区块链组建的网络系统。由于存储在区块链中的信息具有不可逆性的特征，并且很难被擅自篡改，如果某一节点发生了涂改信息的行为，就很容易被其他节点检测到，因此存储在区块链网络上的信息安全性能够得到保障，信息舞弊与发生信息错误的概率也比较小。比如某高校教师因为缺少科研活动所需要的耗材而进行采购时，就会出现增值税发票、入库单、合同以及其他凭证信息，区块链系统会将这些信息留下时间戳进行标记，并将这些信息进行存储。在教师向高校财务申请报销时，区块链技术就会自动将接口接入系统中，对申请报销的信息进行验证，核实消息是否符合报销规定。

从资金运作上分析，区块链技术能够实现信息传输的点对点功能，利用这一技术，无论是向国内还是国外进行信息的传输，数额也不论多少，高校都可以实现不需要经过银行来完成资金的转移行为。在各单位间直接进行资金的转移，降低了资金运作的资金成本和时间成本，提升了高校财务的工作效率。

就会计核算的角度进行分析，分布式记账的方式能够在区块链技术去中心化特性的支持下得以实现，交易各方都能够成为数据信息的来源，这样就能够实现高校自己来管控信息，无须再借助第三方机构的力量进行管理。另外，现行会计中某些计量属性（如公允价值、可变现净值等）难以获取精确信息，而在高校采用区块链技术之后，就能够在网络上找到相应的真实客观的信息，作为客观核算的有力支撑。

就财务报告的角度来分析，由上级部门下达工作任务，在下级单位完成工作后再向上级报告，是财务部门布置工作的常规做法。采用区块链技术之后，工作的内容和流程会变得更加简单，当有关部门对报表数据有需求时，能够自动抽取链条上的信息，确保数据能够准确地提取，信息的填报效率也能够在区块链技术的帮助下提升。

3. 区块链技术对信息系统的影响

在当今社会掀起的数字化浪潮中，高校财务部门现在的信息化建设仅仅是告别了传统手工记账，未来区块链技术在高校财务部门的使用会为其信息化水平的提高发挥出巨大的作用。区块链系统中时间戳功能能够将交易时所产生的时间信息进行记录，将会便现在依旧在高校财务中使用的结构化存储方式也会变为过去。我们的生活会因数据存储方式的变革受到影响，这种影响将会在高校对内以及对外的信息交流中实现。在将来的高校内部信息管理中，不管是主动地进行联络还是将相关的信息进行上报都会被淘汰，而实行数据由系统自动完成收集的技术将会使高校财务部门的工作效率大大提升，由系统收集上来的信息数据更加客观、准确，信息还能在各部门之间进行相互印证。在对外与其他机构进行接触时，利用中介机构实现双方的联系与沟通也将逐渐被取代，点对点的接触与联系将会流行，比如银行在向高校建设基建等项目发放贷款时就不会设立贷款的门槛，高校利用系统对外或对内发送消息，区块链网络会在接收到消息后对消息本身进行识别，其执行进度会在经过交易结算后进行显示，在经过一段时间后，高校就能够收到银行的贷款款项，这种方法降低了高校向银行借贷时各个审核环节带来的成本。

4. 区块链技术对会计人员技能的影响

随着区块链技术被广泛运用于各个领域，高校内部的传统会计核算与监督职能也在悄然间发生变化，会计的职能从财务会计转变为管理会计，会计人员的工作内容也从账务核算逐渐转变为战略管理。在这种新环境中，以前由会计来完成的记账、报告和其他核算事项现在都由网络系统来承担，这样一来，会计人员就能够在高校各个业务层面投入更多的精力，实现对高校工作从整体上进行理解和把握，对信息进行分析、利用和管理，以制定正确的战略规划。这需要会计人员在提升职业技能和自我价值上下功夫，向综合型管理人才转变，在财务领域出现新兴的岗位后，能够更快地满足新工作内容对会计专业人才的要求。

5.区块链技术对内部审计的影响

区块链不仅能够对会计工作的变革产生推动作用，而且还能有利于内部审计工作朝着好的方向发展。在新技术环境中，内部审计人员所能查看的交易事项具有公开性和透明性，能够查看交易发生的环境、时间和原始票据、交易金额等信息，内部审计人员所具备的监督职能在区块链技术的辅助下得到了很大程度的发挥。审计程序执行过程中，可以简化并缩短在传统程序下进行的签字、交流的时间，使审计流程不再冗长，审计效率也因此得到极大的提升。传统的抽样审计方式在大数据应用下逐渐退出了历史舞台，过去由人工抽样所形成的缺陷也将得到有效地规避。另外随着区块链技术的应用，信息变得不可篡改，这使信息的可依赖程度得到增长，对信息进行的舞弊行为的发生概率进一步降低，而且内部审计人员所面临的审计风险也得到有效管控。可以预测，或许不需要很长时间，企业单位就能够利用区块链技术实现自己对财务信息的监管，"自审计"时代可能不久就会到来，而第三方会计师事务所的审计也可能退出历史的舞台。

二、基于区块链技术的高校智能财务系统架构

随着《政府会计制度》的实施和高校"双一流"建设工作的推进，国家对于高校财务管理水平提出了更高的要求。为进一步提升财务管理水平，高校需要更加智能的财务管理系统，而区块链技术在高校财务管理中的应用恰好能够提升财务管理系统的效率和智能化程度。

2008年，中本聪在世界范围内首次提出了区块链技术，区块链技术是将数据使用哈希函数向哈希值进行转换，并利用密码学对数据进行加密，在数据区块中实现对数据的封装，最终将数据向着数据链的形式组合起来，实现了区块链将数据以分布式账本的形式储存起来的结果。区块链的发展经历了1.0时代、2.0时代和3.0时代。前面的两个版本在数字货币与金融领域的应用较为普遍。区块链在进入3.0的版本之后，可以对社会阶段进行编程，社会将进入可编程社会，区块

链中蕴含的各项技术可以运用于社会上的各行各业之中，所以对区块链和财务管理交叉研究就成了重要的研究方向。

钟玮等人立足于区块链及会计研究的方向，针对区块链技术的实际应用提出了该技术应用的三个层次，并对会计确认、计量、记录及报告等方面对区块链技术应用的实现上进行展望。王刚等人建议将区块链应用于能源类企业会计结算与信息公布中。区块链技术能够通过对信息的采集、整合以及分析监控，来履行社会会计的职能。鉴于区块链及审计的研究趋势，区块链技术具备信息采集，传输及存储等优势，并针对联网审计的工作任务给出了自己的框架。事中审计、动态审计、远程审计的功能都可以在区块链技术的辅助下实现。当前对区块链技术研究多聚焦于企业财务，而对区块链技术和高校财务管理的相关研究缺乏一定的涉猎，基于《政府会计制度》的推行，内部控制、绩效评价、事中及事后监督几个方面对高校财务管理中的相关需求逐渐增加，所以在之后的论述中，我们就提出以区块链技术为基础来建设高校智能财务管理架构，可以促进高校财务管理工作效率的提高。

（一）区块链技术在高校财务管理中应用的可行性与基础

1. 区块链技术在高校财务管理中应用的可行性

（1）去中心化的分布式结构

中心化财务管理系统是传统高校财务管理建立的基础，传统的高校财务管理在工作时需要利用各项业务模块。中心化财务管理在模式上呈现为金字塔型的特点，没有一个业务节点不包含在中心化管理系统之中，并且财务管理在系统顶部的指示对中心化财务有着决定性的作用。在业务模式中，数据的提交工作都是依靠业务节点完成的，其中的各层管理员按照各自权限进行商定，最后汇总至财务管理中心服务器。在数据管理方面，每个节点都处于中心化财务管理系统中，它们所拥有的权限都不一致，权限大的节点在处理数据时拥有较高的权力，可以对数据权限较小的节点进行审批和调整。

以区块链为核心的财务管理系统体现了去中心化的特点，整体呈现出分布式结构的特点。在高校财务中，分配权限从以前的金字塔式的结构，转变为由每个节点形成的扁平化、分布式的权限分配模式。在进行数据的管理时，需要区块上的每个节点进行一致同意，而不是由中心节点来管理。每一项业务工作在实施和完成时均需各个节点形成一致的结果，并将业务数据备份到各个节点，而不再是按以前传统业务模式向服务器上传工作需要的信息的工作方法，在区块链技术中任何一个节点擅自对数据进行的修改和调整都是不被允许的，从而确保财务管理工作真实可靠，达到预防风险的目的。

（2）数据共识

传统业务模式在进行财务管理时，要求每个节点都要启动业务，通过逐级审批来完成工作，但是因为权限不一致，所以各级节点之间不能实现业务的实时协同处理，需在前一层审核结束后再进行下一阶段业务审核，在这一流程下办理业务，需要很长时间才能办理成功。

在业务管理与数据管理权限的授予上，财务管理模式将区块链技术作为核心，向每个节点给予同等的权限。在每一项财务业务实现启动时，节点可对需要进行审核与处理的业务给予实时办理，当节点一致通过业务与数据时，系统将自动将数据备份到每一个节点上并完成业务处理。

（3）数据追溯

在高校财务管理中，财务数据处于关键地位，如果出现有人篡改财务数据的情况，就会给高校财务数据的管理带来巨大的风险。在区块链技术中，时间戳技术被创新性地应用进来。当数据写入区块时各个节点会记录输入的时间，这样就能够体现数据写入区块内或在区块内进行修改的时间点。每个节点在对数据进行回溯时，可以利用时间戳的功能来准确找到数据的修改者或记录者，从而使高校财务数据被私自篡改的风险得到了有效地控制。

（4）智能合约

在区块链的财务管理系统中存在一项发挥核心作用的功能，这项功能就是智能合约，它能够从根本上实现财务的智能化。利用算法生成可执行的计算机代码，将规则化和流程化的工作分解为多个条件，使智能合约的所有条件都能够与业务数据实现匹配，并且区块链中的所有节点都一致地接受了这项信息后，该业务就能够在不需要人为干预的情况下实现自动完成。在高校财务管理中，一些规则化、流程化的业务就能够使用智能合约这项功能，这样可促进财务管理效率的提高。

（5）数据加密

高校财务管理系统将区块链技术作为基础，使高校财务数据在哈希函数的作用下实现了向哈希函数值的转换，哈希函数在对数据进行转换时能够体现出其自身的定时性、定长性的特点，这种特点体现在无论这条原始数据长度是多少，都可以在相同时间内将财务数据转换为相同长度的数值，在数据的转换上有着比较高的效率。该转换过程只能实现单向转化，如果有人利用哈希函数值对原始数据进行反推，是不可能成功的，这样就使数据和信息的安全得到了保障。

非对称加密原理是应用了区块链技术的高校财务管理系统进行加密保护的基础原理，由此原理形成的公钥与私钥能够对节点上存储的数据进行加密和解密，且公钥与私钥彼此不能相互进行推理演算。每个节点上存储的数据都可使用公钥进行加密，但想要对数据解密进行查阅必须要使用相应的私钥才可以，这样就实现了数据的加强。

2. 区块链技术在高校财务管理中应用的基础

（1）高校财务管理模式

当前高校财务管理已经进入运用信息化技术来处理财务各项工作的阶段，在计算机程序的帮助下，传统纸质化的工作流程将被改变。高校财务信息化系统是在传统财务管理模块的基础上，将业务分为了收支、核算和预算管理等主要模块，并且各个模块下包含了工资、报销、查询、科研管理等细分业务。

高校的智能财务管理系统是建立在区块链基础上的，且高校财务信息化为智能该系统的应用打下了坚实的基础。针对目前高校财务信息化发展状况，彻底抛弃原有信息化系统并对新型智能财务管理系统进行重新构架的代价太大。因此，智能财务系统能够在已经开始进行的信息化系统的基础上，在系统内部署区块链、人工智能和大数据等新型技术，并运用这些新型技术对原本使用的流程进行优化，改变了原有数据管理模式，还可以在减少开发成本的前提下促进工作效率的提升。

（2）高校财务管理人才基础

以区块链为核心的智能财务系统，要求员工拥有充足的财务管理知识，同时在应用区块链技术方面也要具备相应的能力。高校财务管理部门人员普遍有高等教育经历，有的还拥有硕士或者博士学位，具备较强的学习能力，能够将自身所掌握的财务管理知识作为根基，在接受一定的培训之后，就能满足新技术对人才的要求。与此同时，高校财务的会计工作人员还应该在科学研究方面具备一定的能力，在面对相关课题与项目时，有能力承接下来。财务人员在区块链智能财务系统的相关领域开展更加深入的研究工作，可以解决该系统在实际应用中存在的各种问题，并针对财务与计算机技术有相关性的领域开展研究与攻关。

（二）高校区块链智能财务系统的架构

基于以上对区块链技术与高校财务管理体系的分析，构建高校区块链智能财务系统架构。

1. 应用层

电脑端和移动端是构成区块链的应用层终端的两个重要部分。表单与人工智能技术会在电脑端应用的影响下实现融合，用户可通过各业务模块，用表单来提交对应的业务数据，并对数据采用非对称加密技术进行加密，确保数据安全。在电脑端进行业务办理时，可采用人工智能技术来提高效率。如果面临着大量的数据需要提交，或需要将财务数据从大量的文、文档或报表中提取出来时，使用人工智能模块将会使问题的解决变得简单。人工智能模块在处理大文本数据时，能够促使自然语言处理技术实现深度学习，并利用该技术用来进行智能分词、去除停用词、语气词以及标点符号等。通过正则表达式对财务数据进行检索，并按照业务所需的数据类型将有关数据直接向表单传输，这样就能够有效地降低人工操作的工作量。另外，财务数据录入效率的提升也可以采用这种智能的方式。财务数据在经过区块链中的应用层进行报送后，就能够使数据交换标准不够一致的问题得到解决，为实现各部门之间财务数据的衔接提供支撑。

应用程序、公众号和小程序等形式则是移动端的区块链技术采用的方式，这些方式能够帮助数据录入平台后进行下一步的开发，在移动办公的影响下，各个部门都能随时随地方便快捷地提交相关资料。这样一来，数据加密技术就没有时间和地点限制，在保证数据安全性的前提下使工作更加快捷、高效。

2. 智能合约层

以高校财务管理工作特点作为基础，如果计算机代码能够在流程化的工作中实现自动实施的行为，这是智能合约层对工作产生的影响，可以推进所有业务工作的高效完成。收支、核算以及预算管理是当前高校财务管理的重点业务，所以智能合约就主要是从这三个方面出发，使以前由人工进行的操作流程能够在智能财务流程的帮助下实现优化。

从收入和支出来看，智能合约在学费收入、工资支出、报销支出、科研收支、工程建设、物资采购等方面可以根据业务场景设置触发条件，一旦数据已经被区块链上的所有业务节点承认，且区块链上反馈数据满足触发条件时，则自动完成业务。

财务数据在经过区块链的各个节点的承认后，会按照智能合约所设定的条件触发，并在区块链技术的支持下实现智能生成核算结果以及财务分析报告。

3. 业务节点层

高校各部门通过应用层提交业务数据后，数据经过智能合约层进入业务节点层。业务节点层设置校内节点和校外节点两大类。

在校内设置现金收支、业务核算、预算管理、业务监督等业务节点，每个节点拥有的业务管理权限都是一致的，特定业务场景下，每个节点根据职责范围进行管理，审核数据并判断其是否合理合规。逐级审核的方式不再被采用到各类业务的执行过程中，而是把业务扩散到每个业务节点上，每个节点对特定业务并作出实时响应处理，并在处理结束后利用系统的节点对该业务进行审核并最终同意。只有当这个业务经过了每个节点的认可并将有关的业务数据记录下来时，这个业务才算结束。

在对外财务管理中，财务部门的工作效率有待进一步提高，财务数据的安全保障也需要进一步加强。区块链财务管理系统在进行业务节点的设置时，以合作院校、企业及其他机构财务管理部门作为管理节点，对合作业务具有数据管理与处理权限。当校外发起业务要求校内响应或校内发起业务要求校外响应时，各个节点可以实时协同处理业务，提高工作效率。

国家对高校投入的经费一年比一年多，因此国家越来越关注经费的使用效率，监管也日益严格起来。高校的财务管理系统在应用了区块链技术的前提下，把非对称加密作为基础，将部分私钥权限授予上级教育监管部门和财政监管部门，让他们能够在区块链中查询到经费使用的相关数据，对高校开展的各项业务的资金流向和资金使用绩效进行查阅，更直观地了解高校资金使用情况，同时，使需要人工来完成的数据的上报工作相对减少，能够提升高校财务管理工作的效率。

税务部门可利用私钥查询高校涉税项目缴税信息，能够有效地监督高校的税收工作。

作为被审计单位的高校需进行阶段性审计、领导经济责任审计等。在进行非现场审计时，高校需要把向审计需要的财务数据及资料向审计方递交，审计方则需要在审计时把财务数据引入审计系统。然而在该流程中，审计方实际上面临着工作效率下降的结果，在审计的流程中工作的成本出现了提高的情况。现场审计时，对审计线索及违规行为的审查，通常情况下要借助原始凭证、账目资料，要用人工的方式进行查找，现代化的技术手段在这一工作中的应用较少，使审计的工作效率受到了影响。审计方可以利用区块链财务管理系统，利用时间戳这一功能对财务数据进行追溯，追溯功能可以实现对任何存疑数据的溯源。《关于实行审计全覆盖的实施意见》提出了建立审计实时监督系统的要求，以非对称加密的技术作为基础，区块链财务管理系统可以将私钥的授权向审计方以提供部分权限。在授予审计方有关数据的查询权限后，将财务数据（即便没有在审计方的系统中的）进行导入，审计方就能够在被审计单位的系统内直接进行实时审查。同时由于区块链技术将财务数据分布式存储于各个业务节点中，审计方能够很方便地对任意业务节点上的相关财务数据进行询问。借助财务管理系统所提供的大数据分析功能，以深度学习为基础，以神经网络为手段等帮助审计单位对财务风险进行判断。

4.数据层

以区块链的智能财务系统为依据，在针对区块链的划分上，按照数据存储中的业务作为划分的原则，将私有链各个业务进行匹配，且各业务区块数据互不一致，而私钥的使用必须要建立在私有链上的业务节点上，只有这样才能够完成业务，并实现对数据的查阅。数据的校验需要建立在业务的私有链中，在这个私有链上的每个业务节点都需要按照各自的责任与权限来完成对应任务。只有这样，数据的正确性与合规性才能通过验证。在每个节点执行完任务之后，系统将按照执行完毕的时间盖上时间戳作为业务结束的凭证。当所有节点一致通过此业务时，系统会把财务数据转换成哈希函数值并与时间戳和区块头信息一起打包在区块内，然后区块则采用非对称加密技术，使用哈希函数值连接前区块和后区块并记录于私有链主链中，对各业务节点进行备份形成分布式存储。

5.高校区块链智能财务系统的业务演示

我们将高校财务工作中常见到的报销科研经费的场景作为例子进行说明。现场操作是使用传统方法进行报销的主要方式，教职员工及学生在填写报销申请之前，须将所有的原始票据提前备齐，还要经过业务人员进行现场核查，其中由于许多报销事项都要在财务部门完成，就会常常看到排队报销现象。当业务人员将提交上来的资料核对好以后就会传至下一业务点，此时需要经过会计核算人员完成记账及报销的其他手续，然后再把相应的资料转交出纳人员，由出纳人员将其转交银行，最后通过银行将报销的资金打到报销申请人的账户并向高校财务管理的服务器上传有关的财务信息。

高校智能财务系统在应用了区块链技术后，相应的报销流程为：报销人将报销申请提交到电脑端或者移动端，并将报销信息通过表单方式进行提炼，相关财务信息会在智能合约上触发收支模块，并由系统自动触发业务执行需要的条件，并自动与相关数据中心对接验证发票真假。报销信息向所有业务节点进行扩散，每个业务节点根据各自的权限进行实时的协同处理。每个节点处理完业务之后，会进行相关财务数据备份，对录入的信息添加时间戳，完成对数据的加密工作。当每个节点结束时，该项业务符合智能合约触发条件，并且与该系统连接的银行系统会自动向报销人账户中打入资金并完成报销业务。在该业务场景下，高校智能财务系统通过智能化的工作流程的辅助，缩减了原来使用人工进行报销的工作流程，使高校财务部门的业务处理效率得到增强。

三、区块链技术在高校财务共享服务平台中的应用

大数据时代背景下，信息技术的发展给高校财务信息化带来了机遇与挑战。区块链技术的发展和应用领域的拓展引起各个行业的高度关注。下面主要阐述了区块链技术与高校财务共享服务平台相融合的技术可行性，以此基础构建了高校财务共享服务平台框架模型，并以高校报销流程为例，说明区块链技术在高校财务共享服务平台中的应用。将区块链技术与高校财务共享服务平台融合，为高校财务会计向管理会计转型和高校财务信息化的发展提供借鉴和思考。

信息作为一项数据资源在大数据时代变得更有价值。高校财务信息牵涉人员众多，业务繁杂，除应当进行公开的信息外，还有很大一部分信息有待可靠保护。

（一）区块链与高校财务信息化融合的现状研究

1. 高校财务信息化的发展

高校财务会计电算化的实现使高校财务完成了计算机代替手工完成基本账务处理工作，这是高校财务进行信息化发展的第一阶段。高校财务信息化发展的第二阶段是建立高校的财务管理平台，这一阶段能够推动高校财务依靠管理平台实现简单的业务查询与办理。高校财务信息化发展的第三阶段是实现高校财务共享，这一阶段能够使高校财务在依托信息技术的前提下，完成高校财务工作自助化和智能化建设，使得会计信息更准确、更具时效性，信息沟通更流畅。

2. 区块链技术在会计领域的应用

近年来，会计领域逐渐开始使用区块链技术，尽管目前还只停留在探索和试验阶段，但在会计领域使用区块链技术所能产生的优势目前已初露端倪。高校的定位是教育培养与科研单位，这就决定了它需要一直处于创新最前沿，那么高校的财务管理也应当采取适应财务信息化发展潮流的管理模式。高校财务共享服务平台是未来高校财务信息化发展的前进方向。然而在高校财务共享服务平台建设过程中，财务数据准确性和安全性需要得到进一步的保障，这个问题目前仍然需要人们去不断地尝试和解决。区块链技术在会计领域中的应用恰好能够很好地解决高校财务共享服务平台中出现的一些问题，在高校财务共享服务平台中应用区块链技术能够很好地适应高校在未来的发展过程中的各种需求。

（二）区块链技术与高校财务共享服务平台的融合机制

在高校财务共享服务平台的建设中应用区块链技术，对其发展是非常有利的，区块链技术的应用将会成为高校财务管理工作中的关键要素。高校财务共享服务平台将会集合区块链的核心技术，来克服高校财务共享服务平台存在的不足，使高校传统财务工作模式发生彻底的改变。

1. 前台客户端登录环节

区块链分为三种模式，分别是公有链、联盟链和私有链。公有链面向所有人员提供服务，只要想参与记账和信息获取，就可以在公有链上的任意节点上进行登录。联盟链的公开权限仅面向系统内部成员，一般联盟链中会包含几个机构，这些机构可以在系统内部的节点上进行登录，实现交易记录和信息读取。私有链就是只有部分节点被赋予权限，使用私有链的成员能够使用相应的节点进行登录，将交易的信息进行记录，但读取信息时则可以通过登录任一节点来调取。

区块链中的私有链模式可以在建设高校财务共享服务平台时使用。区块链的写入权限是掌握在高校的手中的，在高校的内部成员中，学生、教职工和校内业务部门拥有写入权限，构成的体系具有半去中心化的特点，对外部成员公开使用的权限只有读取权限。经费监管单位、社会公众及其他利益相关人都可以读取相关数据，这将对高校合理、合法地使用资金进行有效监督。

2. 核心模块运作环节

就财务信息的准确性而言，在区块链技术中使用分布式记账的方式，可以被理解为利用各终端完成交易从而实现去中心化的记账模式，它在上传信息的时候，必须要得到其他节点的同意才能传输。区块链分布式记账所表现出的特性，使得其传输的信息具有公开、真实及安全的特点。各终端用户信息和传递的交易内容在区块链共识机制的维护下保持了其可信度。

从财务信息的真实性来看，区块链的不可篡改性可以确保终端用户在办理业务时不被非法篡改用户信息。将区块链不可篡改性应用于高校财务共享服务平台，可以确保真实可靠地进行高校财务工作，并对财务舞弊进行有效规避。

从财务信息安全性角度来看，区块链非对称加密技术要求加密与解密必须经过两个密钥协同完成，即公钥与私钥，公钥与私钥是成对出现，若私钥解密必须与之相对应的进行加密的公钥配对，反之亦然。非对称加密技术与普通保密措施相比，其安全性可谓更上一层楼。高校财务共享服务平台核心模块一般会采用非对称加密技术，这样能够对高校财务数据及隐私进行有效的保护。

3. 财务信息共享环节

需要上传的交易信息在分布式记账技术的影响下表现出公开性与透明性的特点，监管机构等有关人员有权阅读有关资料。这一机制中，信息拥有很高的共享度，信息公开不及时和公开不充分等问题也不会出现。

同时高校财务人员面对的工作量越来越大，会计业务也日渐繁杂，高校财务人员工作效率无法适应高校发展需求。各个监管平台中，社会公众对于高校会计信息的需求量加大且对其有着更加严格的要求，高校财务工作效率面对这样的压力和要求必须要有所提升。尽管目前高校网络报销系统已经解决在经费报销方面出现的"排长队,报销难"的问题,但财务人员面对的工作量依然很大,要处理大量提交上来需要报销的网络单据,并且会因单据不符合报销的要求而使返工率较高。在高校财务共享服务平台中使用共识机制,可以从根本上减少财务人员面临着的繁重的报销业务,因为在共识机制下形成的交易是真实的、可靠的,可以简化高校财务部门在处理日常账务时的审核流程。此外,以区块链技术为基础的智能合约技术也能够在高校内进行应用。所谓智能合约,就是预先制定规则及条款并在条件成熟后使制定好的规则条款自动实施。某些简单和重复交易行为十分适合使用智能合约,例如高校某些相对简单的收费业务。这些业务符合条约规定条件后就会自动实施智能合约。从而使得财务人员摆脱了这些重复劳动以及大量业务操作的困扰,由于人工操作所带来的误差也能够得到避免,使高校财务人员的工作效率得到提高。

(三)基于区块链技术的高校财务共享服务平台框架构建

1. 终端登录(云计算应用层)

借助区块链分布式记账功能,学生或教职工可在个人计算机、自助设备或者智能终端用学号、工号进行登录。每个账号都是一个节点,并且还被区块链技术授予了写入的权限。在对信息进行操作时,可在登录后按照前台客户端选项提示进行处理,如果上传交易信息是则需要经各个节点一致同意后,方能上传到平台核心模块实现归类处理。

2. 平台核心模块(区块链应用层)

平台核心模块主要由以下几个模块构成:人员信息模块,处理学历、学位、证书、课题、专利等方面的信息;票据影像模块,客户端用户发生业务时所产生的原始凭证通过扫描的方式上传到财务共享服务平台;预算控制模块,由校内综合、专项经费、科研经费三部分预算构成;公务卡结算模块,公务卡是一种新的结算方式,教职工可用公务卡结算差旅费、会议费、招待费和零星购买支出等。

3. 经费监管平台与信息交互平台(数据交互层)

校内信息交互平台是区块链上的节点,拥有进行信息写入的权限。将高校财务共享服务平台和信息交互平台下设的各系统连接在一起,将高校财务信息和业务信息整合在一起,指导高校各项工作向智能化和信息化方向发展。高校财务共享服务平台要实现与高校经费监管平台的对接,保证高校在经费支出方面的合法合规。在高校财务共享服务平台中融入高校内部各管理系统、校外监管平台，打破各部门之间存在的信息壁垒，完成高校之间的信息共享工作，让信息孤岛的现象不在高校中发生。

4. 辅助决策支持平台（大数据分析层）

辅助决策支持平台也被称为大数据分析层，这个平台包括了总体分析系统、预警分析系统及系统管理系统。高校财务数据是总体分析系统工作分析的根据，它能够对高校经费增减变化、结构占比的情况进行分析，以此来评价高校是否能够合理地运用经费。高校实际收支与预算能够在预警分析系统的运作下，实现分析和对比，以保证高校财务能够实现合理支出。高校财务共享服务平台都会在该管理系统的管理下实现运行，使财务共享服务平台内应该分享的信息能够被及时分享，应该保密的信息能够被可靠地保护。高校财务人员工作的重点将从传统单纯的会计核算向高校财务信息的分析转变。财务人员需具备良好的大数据思维并加大对财务工作大数据技术的应用，这样才能够充分发挥大数据对财务工作的分析与预测功能，从而推动高校可持续、健康、稳定的发展。

（四）区块链技术在高校财务共享服务领域应用中的风险应对

在信息技术日益发展的今天，智慧校园的建设在各个高校之间不断推进，区块链这项技术将对高校财务工作产生重大影响。高校在面对财务信息化的趋势时应当顺应这股发展潮流，构建以区块链技术为核心的高校财务共享服务平台，使高校财务在当前阶段面临的难题得到解决。从大数据思维出发，依托区块链相关技术搭建高校财务共享服务平台框架。该框架依托于现在区块链技术和高校的人员与经费，并在这些因素发展基础上不断改善。高校财务的信息化发展要结合区块链技术，应在以下几方面做好管理风险的应对。

第一，利用共识机制，合理安排职能划分。在区块链技术运作下，共识机制能够兼顾效率和安全，去中心化的区块链技术账本系统的形成也能够在共识机制的影响下拥有巨大的发展基础。高校财务共享平台能够在共识机制的影响下对自身包含的功能进行合理的划分，能够将员工看作是一个个参与节点，并在各个节点中将他们合理地配置进去，让他们分别去承担部分任务，使得他们在以后面对工作绩效的评价考核时能够有据可依，还可以解决职责划分缺乏明确的界线这样的问题，做到人岗对应。

第二，利用分布式账本，实现组织运转高效运行。分布式账本的完成需要依靠诸多节点才能实现，这些节点分布于各个位置，并共同执行相应的指令。每一个环节均将完整的账目记录下来，后期进行审核和检查时也会更加便利，能大大提高工作的效率。参与者能够获得一本真实账本的副本，账本上无论发生什么变化都可以在副本上体现出来。从而避免一处改动，所涉资料全部需要人力去修改。

第三，做好技术风险的防范。就高校财务共享服务平台而言，科技是打造平台的根基，所有系统构建均以底层技术为依托，伴随着信息化的不断深入，财务共享服务系统由若干个信息系统有机组成。信息系统的整合涉及众多部门间的合作，对过程进行合理梳理、组织资源、获取信息与数据以解决信息数据孤岛问题，并防范技术层面上可能出现的各种风险。针对这类风险可采取如下措施进行预防：以现有信息管理为基础，征聘或培养更具技术经验的工程师，以加强处理技术问题的能力；降低财务信息间对接的障碍，在需要时重新搭建信息处理平台以解决数据冗余和信息孤岛等问题；增加对"区块链加财务"这类复合型人才的培养，给高校投入复合型技术人才，让他们既能熟练运用财务共享服务平台操作系统又能及时解决产生的技术难题。

第四，制定完善的技术开发管理制度。这一制度应当由技术质量要求、数据安全规范、信息存储容量、访问权限管理等方面构成。相应地加大技术开发投入力度，避免因区块链技术不完善使得开发过程出现算力浪费和高存储等能力问题。为规避这些不足对高校财务共享服务平台使用造成影响，需要对实际使用状况进行实时重视，并对其中产生的问题进行及时处理。建立健全数据信息查询机制和备份管理以及其预警机制，规避因突发状况或者人为因素导致数据泄露、丢失和毁损的风险。

信息技术与计算机网络技术在大数据时代的背景下实现了快速发展，提高高校管理水平与服务质量更显得刻不容缓。将区块链技术运用到高校财务共享服务平台中，能够帮助高校财务实现向管理型、决策型会计的转型，而这一目标的实现需要广大财务人员与技术人员的共同努力与探索。高校财务职能能否在区块链技术的影响下实现转型；高校财务工作中遇到的难题能否通过区块链技术进行解决；如何实现为高校师生提供更好的服务等问题都需要今后在实践中来解决。

参考文献

[1] 金云美. 高校财务管理与控制 [M]. 北京：中国经济出版社，2012.

[2] 杨松令. 基于校院两级的高校财务管理问题研究 [M]. 北京：中国经济出版社 .2016.

[3] 赵渊贤, 治理机制与内控有效性及企业风险研究 [M]. 北京：中国市场出版社，2015.

[4] 方桂萍，卢慧芳. 管理学基础 [M]. 北京：清华大学出版社，2010.

[5] 胡服. 中国高校财务管理探索 [M]. 昆明：云南人民出版社 .2014.

[6] 陈明. 我国高校财务管理问题研究 [M]. 成都：西南交通大学出版社，2012.

[7] 周亚君，刘礼明. 高校财务管理案例剖析 [M]. 南京：南京师范大学出版社 .2016.

[8] 辛妍. 新时期高校财务管理与审计 [M]. 北京：新华出版社，2022.

[9] 李长山. 现阶段我国高校财务管理的若干问题研究 [M]. 北京：北京理工大学出版社，2017.

[10] 廖红星. 高校财务管理创新理念与发展研究 [M]. 延吉：延边大学出版社，2021.

[11] 尉桂华. 新形势下高校财务管理若干问题研究 [M]. 成都：西南交通大学出版社，2015.

[12] 丁琼. 大数据时代高校财务管理制度创新研究 [J]. 才智，2023（8）：184-186.

[13] 陈昳轶. 预算管理一体化对高校财务管理影响及对策 [J]. 广东经济，2023（2）：72-75.

[14] 申州. 内部控制下的高校财务管理优化研究 [J]. 商业观察，2023，9（4）：101-104.

[15] 牟昀辉. 新政府会计制度对高校财务管理的影响 [J]. 今日财富，2023（2）：134-136.

[16] 杨海萍.大数据技术驱动下的高校财务管理转型探究[J].行政事业资产与财务，2023（1）：90-92.

[17] 张青.管理会计在高校财务管理中的应用研究[J].现代商贸工业，2023，44（4）：156-158.

[18] 郑玉亭."互联网+"思维在高校财务管理中的应用[J].中国集体经济，2022（36）：107-109.

[19] 王淑梅.区块链技术在高校财务管理中的运用[J].信息系统工程，2022（12）：79-82.

[20] 肖进.大数据时代高校财务管理信息化建设探究[J].财经界，2022（36）：78-80.

[21] 郝菊玲，单为，宫梦洁.新时期高校财务管理创新发展探索研究[J].中国乡镇企业会计，2022（12）：51-53.

[22] 莫秋宜."互联网+"高校财务管理创新研究[D].南宁：广西大学，2022.

[23] 孙田鑫.高校财务管理信息化平台建设研究[D].北京：中央民族大学，2021.

[24] 陈华.高校财务管理系统的研究与分析[D].昆明：云南大学，2015.

[25] 凌丹.高校财务管理系统设计与实现[D].长春：吉林大学，2015.

[26] 苏扬.高校财务管理系统的设计与实现[D].苏州：苏州大学，2018.

[27] 任莹莹.信息化背景下高校财务管理存在的问题及对策[D].宁波：宁波大学，2017.

[28] 关沧海.高校校园一卡通财务管理问题研究[D].北京：首都经济贸易大学，2017.

[29] 李宛融.论数字化时代高校财务管理信息化[D].哈尔滨：哈尔滨师范大学，2017.

[30] 俞昕蕾.我国民办高校财务管理绩效评价研究[D].南京：南京信息工程大学，2016.

[31] 谈琳娟.高校财务管理一体化平台构建研究[D].福州：福建农林大学，2016.